© Ediciones Masters
Fernán Caballero,4-1º dcha.
28019 MADRID
http://www.edicionesmasters.com
edicionesmasters@gmail.com

Diseño portada: Roberto-Carlos Pérez Rodríguez

ISBN: 84-96319-45-8
Depósito legal:

Monty Python's Flying Circus, estrenada en octubre de 1969, fue como una reacción en cadena que empezó cuando John Cleese y Graham Chapman se acercaron a Michael Palin y Terry Jones para realizar un proyecto juntos. El último socio fue Eric Idle, quién a su vez reclutó a Terry Gilliam.

El primer episodio de Python salió en la tarde de un domingo, en un espacio habitualmente ocupado por un programa religioso. Así que imagínense el susto de los teleespectadores cuando en lugar de un fraile vieron a un actor parodiando a Picasso montando en bicicleta, además de figuras históricas famosas compitiendo en los Juegos Olímpicos, y la historia de unos personajes que se morían uno a uno cada vez que escuchaban un chiste.

La serie empezó casi sin apenas entusiasmo pero continuó así durante cinco años, rompiendo todas las reglas ortodoxas de la televisión y la comedia. Del ex-Goon Spike Milligan provino la idea de que los sketches necesariamente no necesitaban un principio, una trama y un final. Esto, junto con la ventaja de tener los dibujos animados de Gilliam para enlazar los sketches dispares, provocó lo que podríamos denominar como la marca de fábrica de los Python.

El programa final se transmitió el 5 de diciembre de 1974, pero los Python ya habían entrado en la historia de la televisión. Sin embargo, en cierto sentido, esto solamente era el comienzo. Aunque todos habían trabajado satisfactoriamente juntos hasta el final de la serie, no se plantearon seguir haciendo nada nuevo, pero en ese momento John Cleese ya les planteó la idea resurgir juntos. Comenzaron con *Y ahora algo completamente diferente,* y terminaron con *El sentido de la vida*, filme que ganó el premio del Jurado en el festival de Cannes de 1983.

¿Quién fue el mejor de todos? Posiblemente hayan sido como una gran familia sostenida por un buen matrimonio, donde la fuerza de un compañero compensa la debilidad de otro, y el resultado es un todo armonioso. En este caso, la fuerza verbal y lógica de Cleese, Graham Chapman e Idle, se complementaron perfectamente con el olfato visual imaginativo de Jones, Palin, y sobre todo Gilliam. Aunque todos han podido realizar proyectos de éxito en solitario, había en el grupo una energía que nunca más se reprodujo.

Para los entusiastas de los Python hay dos épocas claramente diferenciadas: la originada en 1969 y que duró hasta la muerte de Graham Chapman en 1989, y la posterior, en la cual hay grandes obras en ocasiones individuales, pero ninguna como en esa primera época.

Indudablemente los Python aportaron no solamente un humor absurdo, sino que nos mostraron una filosofía de vida centrada en la aceptación de la rutina diaria, tan llena de tópicos y vulgaridad que nos parece increíble que existan personas que se manifiesten felices. Junto a ellos están los que insisten en que su mente viaja por canales superiores y que, por tanto, las conversaciones con ellos siempre estarán plagadas de numerosos desprecios a nuestro primitivo intelecto. Pero cuando averiguamos su modo de vida lo vemos tan rutinario y carente de emociones como el nuestro, pues también van a la oficina, enseñan filosofía gratuitamente a sus compañeros, hacen llamadas telefónicas, vuelven a la oficina después de comer, trabajan en una empresa que siempre les paga poco, tienen un millón de sueños irrealizables y…regresan con la cabeza baja a sus casas, en donde una apagada esposa quizá les premien esa noche con un revolcón bajo las sábanas. No hay en ellos ningún deseo de construir un mundo diferente, ni fabrican cócteles Molotov para llamar poderosamente la atención. Son filósofos descafeinados aunque, afortunadamente, les gustan Los Monty Python.

Las personas que no han sabido captar el humor de los Python son las mismas que creen saber siempre lo que "es lógico". Ellos parecen decirnos que no necesitan ningún adorno para poder indicar a los ciudadanos cómo deben pensar y comportarse. También hay personas que van más allá y nos indican que ellos, los Python, no aportaron ningún contenido filosófico a sus obras y que eran, simplemente, unos cómicos que mostraban frecuentemente el culo para provocar la risa de los ignorantes. Bien, es cierto que mostraron el culo, pero siempre lo hacían al final, como un colofón visual para que guardásemos un "buen recuerdo" de ellos.

Un resumen previo

Mezclando la sátira tópica de David Frost (historiador fuertemente controvertido) con la extravagancia surrealista de "The Goon Show" (programa radiofónico entre 1951 a 1960 protagonizado por Peter

Sellers), los Monty Python formaron una compañía de cómicos en 1969 compuesta por los actores británicos John Cleese, Michael Palin, Eric Idle, Terry Jones y Graham Chapman, junto con el dibujante americano Terry Gilliam. El grupo alcanzó muy pronto una proyección internacional, llegando a convertirse con el paso de los años en objeto de culto, incluso mucho después de su desaparición como grupo. Afilando su lenguaje, y sin tener en cuenta la posibilidad de "herir sensibilidades", su afición por la payasada mezclada con la ironía y la crítica directa, proporcionaron un estilo de comedia negra poco común.

Después de encontrarse durante una grabación de la serie infantil *Do Not Adjust Your Set*, los Python decidieron reunirse oficialmente en mayo de 1969, justo cuando la BBC les proporcionó un espacio que duraría inicialmente 13 semanas. *Monty Python's Flying Circus* fue una serie cómica introductora de su peculiar estilo, que se convirtió con el paso del tiempo en un suceso europeo sin precedentes, grabándose en 1970 nuevas actuaciones delante del público, lo que aportaba una vivacidad intensa. De esa época es el legendario sketch "The Pet Shop" (no confundir con el grupo musical Pet Shop Boys.) Su debut cinematográfico fue con el filme *Y ahora algo completamente diferente* (And Now for Something Completely Different), de 1971, una colección de los momentos culminantes de la serie.

Otra empresa, denominada Monty Python Record, creada en el Reino Unido en 1971, debutó al año siguiente en América, aunque la serie grabada con anterioridad tardaría algunos meses en mostrarse en la televisión. Después de 1972 Los Monty Python efectúan una extraña mezcla entre el material original y nuevos añadidos, destacando "The Argument Clinic" y "Embarrassment/A Bed-Time Book," siendo emitidos en 1973. Ese mismo año efectuaron una gira por el Reino Unido, comenzando en el Theatre Royal, continuando hasta 1974 y coincidiendo con el estreno del filme Monty Python and the Holy Grail (1975), traducido en España como "Los caballeros de la Mesa Cuadrada (y sus locos seguidores)". Cuando fijan su residencia en Inglaterra, reanudan su trabajo en el cine con La vida de Brian (1979), siendo su último trabajo oficial El sentido de la vida (1983), y aunque los miembros se reunieron en varias ocasiones, nunca más consiguieron estar juntos en el mismo proyecto. Son célebres la unión de Cleese y Palin en el filme Un pez llamado Wanda (1988), así como los trabajos de Gilliam en Los héroes del tiempo (1981), Brazil (1985), Las aventuras del Barón Munchausen (1988) y El secreto de los Hermanos Grimm (2005). Tristemente, Graham Chapman murió de cáncer el 4 de octubre de 1989, sufriendo el grupo un revés emocional del que tardarían en recuperarse.

Capítulo I
La Historia

Capítulo I

Monty Python o The Python, fueron los creadores de *Monty Python's Flying Circus*, la serie cómica de televisión que salió en antena por vez primera el 5 de octubre de 1969. Constaba de 45 episodios divididos en 4 series y aunque nadie estaba seguro en ese momento de su éxito, el fenómeno de los Monty Python abarcó mucho más que la pequeña pantalla, extendiéndose a una gira por teatros y escenarios, cuatro películas (si incluimos *Y ahora algo completamente diferente*), numerosas grabaciones de audio, varios juegos de ordenador y libros, así como las actuaciones individuales de sus miembros que les proporcionó la fama.

El show, originalmente transmitido por la BBC TV entre 1969 y 1974, fue concebido, escrito y realizado por Graham Chapman, John Cleese, Terry Gilliam, Eric Idle, Terry Jones y Michael Palin. Aunque flojamente estructurado y casi siempre con apuntes apresurados, confiando en la capacidad de improvisación, la arrolladora espontaneidad (especialmente de Terry Gilliam) les llevó a unos límites que nunca habían podido imaginar. Con el tiempo su obra ha ganado prestigio y al no existir el relevo generacional, la influencia en el público ha sido duradera, no sólo en la comedia británica, sino en todo el mundo.

Se ha comparado la influencia de los Python en el cine a la de los Beatles en la música. Esto es quizá porque han influido en la juventud gracias a su estilo innovador y original, además de comenzar prácticamente en los mismos años, pues Los Beatles estaban en pleno éxito en 1969, justo cuando salió por vez primera *Flying Circus*. Por cierto, George Harrison, un miembro de Los Beatles, interpretó a Mr. Papadopolous en *La vida de Brian* (aunque su voz fue doblada por Palin), aportando algunas de sus canciones. También efectuó una corta aparición en *The Rutles* y *Saturday Night Live,* así como produjo un video promocional para Broadway. Según sus propias palabras: "Los Monty Python me ayudaron a superar el trauma de la disolución de Los Beatles".

LA HISTORIA ANTES DE PYTHON

Los principios humildes

Palin y Jones se conocieron en la Universidad de Oxford, mientras que Cleese y Chapman lo hicieron en la Universidad de Cambridge. Gilliam también estaba en Cambridge, pero empezó un año después que Cleese y Chapman, habiendo conocido a Cleese en Nueva York mientras trabajaba en el grupo "A Clump Of Plinths".

Chapman, Cleese y Idle eran todos miembros del Cambridge Footlights, un famoso club dedicado a la comedia que en ese momento también incluía a las Goodies Tim Brooke-Taylor y a Bill Oddie, además de Germaine Greer. Todos ellos participaron o escribieron las siguientes obras bajo el título genérico de *Monty Python'Flyng Circus:*

I,m Sorry, I'll read that Again (radio) (1964-1973)
The Frost Report (1966-1967)
At Last the 1948 Show (1967)
We Have Ways Of Making You Laugh (1968)
How to Irritate People (1968)
Do Not Adjust Your Set (1967-1969)
The Complete And Utter History Of Britain (1969)

Capítulo I

I'm Sorry, I'll Read That Again (radio) (1964-1973)

Lo siento, lo leeré de nuevo era un programa cómico de la radio que originalmente se creó para la revista de la universidad de Cambridge, considerándose como el precursor de lo que posteriormente sería su éxito en televisión y cine. Se convirtió en poco tiempo en un programa líder en la BBC Home Service, pasando en septiembre de 1967 a la BBC Radio Tour.

La primera retransmisión fue el 4 de abril de 1964 y la octava serie se transmitió en noviembre y diciembre de 1973, siendo Humphrey Barclay productor hasta 1968 y desde abril de ese año la tarea fue compartida por David Hatch y Peter Titheradge. En 1989 se celebró el 25 aniversario.

Los primeros actores, conocidos entonces como The Goodies, fueron:

Tim Brooke-Taylor
Graeme Garden
Bill Oddie (el portavoz más importante desde 1980).
John Cleese (se convirtió en uno de los Python más emblemáticos, trabajando también como actor en películas serias). En la radio hizo el papel de un patoso que le aportó gran fama.
David Hatch (siguió como ejecutivo en la BBC).
Jo Kendall (actriz de la radio en seriales dramáticos, especialmente The Burkiss Wat).

Bill Oddie escribió los guiones y las melodías en la mayoría de los programas, mientras que Tim perfeccionó una voz femenina de alto registro para encarnar a Lady Constance de Coverlet, personaje que llegaría frecuentemente a ser el más popular. John y Jo desarrollaron unos profundos –y casi románticos- diálogos como los respetables pero anormalmente acoplados John y Mary, precursores de Basil y Sybil, una serie que se emitió posteriormente en el programa "Fawlty Toser".

Como ocurrió con "Round the Horne" (comedia clásica de la radio que comenzó en los años 60), las desventuras para su lanzamiento fueron a veces episódicas, con finales improvisados minutos antes, siendo un buen ejemplo el episodio "Curse of the Flying Wombat".

Los especiales de Navidad normalmente incluían una pantomima sobre un cuento tradicional (algunos ciertamente modificados), en los cuales hacían juegos de palabras que el público tardaba en comprender, pero muy efectivos, e incluían algunos chistes y críticas hacia la clase política que entonces se consideraban demasiado atrevidos. Las parodias de Graeme sobre Eddie Waring (un comentarista de la liga de rugby) y las críticas ocasionales pero maníacas de John hacia Patrick Moore (astrónomo y programador), contribuyeron a que lograran popularizar a celebridades excéntricas como Mike Yarwood, Lenny Henry, Rory Bremner, famosos por los programas "Spitting Image" y "Dead Ringers", así como hacia otros personajes de televisión a los cuales realmente faltaban al respeto.

Un aspecto peculiar del show fue la popular canción de Bill Oddie conocida como "Angus Prune" que aunque no parecía tener relación directa con el argumento, sonaba frecuentemente. Hubo otras obras menos famosas como "Prune Playhouse" y muchas parodias comerciales para la radio, por desgracia solamente mostradas en el Reino Unido durante este período, pero que por fortuna fueron incorporadas de manera aleatoria en los siguientes diálogos de los Monty Python.

At Last the 1948 Show (1967)

El último show de 1948 es un espectáculo satírico realizado por David Frost para Paradine Productions en asociación con Redifusión London, que se mostró durante 1967 en busca de un público más diverso. Interpretado por John Cleese, Graham Chapman, Marty Feldman (en su primera aparición en la pantalla), Tim Brooke-Taylor (más tarde miembro de The Goodies), y Aimi MacDonald, representó una fase importante dentro de *I'm Sorry, I'll read that Again* y la serie de culto *Monty Pythn's Flying Circus*. Su formato desenfadado y sin demasiadas pretensiones escénicas incluía canciones propias sumamente críticas y satíricas. Por supuesto, el show no tenía nada que ver con 1948 y el título era simplemente una referencia a ciertos hábitos molestos de la televisión que dejaban los programas almacenados bastante tiempo antes de exhibirlos. Se incluyó también un LP para el consumo hogareño y algunos de los sketches se volvieron a utilizar posteriormente para dos especiales de la televisión alemana.

Una novedad fue la introducción del color en dos series de veinticinco minutos cada una, llegando a colorearse capítulos grabados en negro para que tuvieran la adecuada aceptación por el público. El resto parecían perdidos hasta que fueron restaurados por el British Film Institute, aunque unos pocos pertenecientes a *Do Not Adjust Your Set* quizá se han perdido para siempre.

Capítulo I

How to Irritate People (1968)

Cómo Irritar a las Personas es una historia escrita en 1968 para la televisión por John Cleese, en la cual también aparecen Michael Palin, Graham Chapman, y Connie Booth. En varios sketches, Cleese demuestra lo que el título sugiere -cómo irritar a las personas-, aunque esto se hace de una manera más convencional que la habitual, siendo menos absurda y más realista.

Do Not Adjust Your Set (1967-1969)

No ajuste su sintonía fue una serie de la televisión dirigida a los niños producida originalmente por Associated-Rediffusion (por entonces ligada a la Thames Televisión), mostrada durante los años 1967 a 1969.

El show cogió el nombre de un anuncio frecuentemente visto en la televisión esos días, en el cual se decía que no ajusten sus televisores, pues todo volvería a estar bien dentro de unos instantes. Aunque originalmente se concibió como un programa para niños, poco a poco los chistes prendieron en los adultos y se convirtió en un programa de culto. De hecho, mucho del material podríamos considerarlo como exclusivamente para adultos, similar a "The Goodies".

Fue un programa en el cual aparecieron actores y cómicos que después alcanzaron fama, como David Jason, Denise Coffey, Graham Chapman, Eric Idle, y otros. "The Bonzo Dog-Dah Band" interpretó una canción en cada programa y "Bob Kerr's Whoopee Band" también aparecía. El programa comprendía una serie de sketches, a menudo raros y surreales, frecuentemente satíricos, en un estilo anárquico que dieron la pauta para lo que luego sería el *Monty Python's Flying Circus*; por lo menos uno de ellos se usó posteriormente. Se incluyeron también dibujos de un todavía desconocido Terry Gilliam.

Algunos de estos programas también mostraron a otros importantes escritores y actores de la comedia británica, tales como Ronnie Corbett, Ronnie Barker, Tim Brooke-Taylor, Graeme Garden y David Jason.

Un dato curioso es el nombre "Spam" referente ahora al correo electrónico basura, el cual fue acuñado haciendo referencia a un sketch de los Monty Python. La escena recrea un restaurante en donde todos los platos que se piden llevan Spam, una marca de carne enlatada. No menos interesante es el lenguaje de programación llamado Python, igualmente inspirado en el grupo.

¿El final?

La salida al mercado del DVD de sus películas, incluidas las series de televisión y varios libros, ha ocasionado un interés por los Python que nadie esperaba. La muerte de Graham Chapman en 1989 (en la víspera de su 20 aniversario) parecía el final irremediable del grupo, pero en una ocasión se reunieron los cinco miembros restantes, junto con las cenizas de Chapman, algo que no sucedía desde 1998. El detonante fue una entrevista organizada por Robert Klein (*Monty Python's Flying Circus: Live at Aspen*-1998-TV), con la aparición de Eddie Izzard, quien había participado anteriormente en *Pytholand* (1999) y *Python Night* (1999), dos programas de televisión con el grupo como coprotagonistas, en donde el equipo revisaba algunos de sus trabajos anteriores y realizaba nuevos sketches. En un momento dado durante la entrevista, Terry Gilliam golpeó "accidentalmente" la urna con las cenizas de Chapman que se esparcieron sobre su pie y fueron absorbidas por una oportuna aspiradora. La opinión general es que con este gesto pretendía simbólicamente "eliminar" al fallecido Chapman de su vida, con la sana pretensión de que el grupo volviera a revivir.

Capítulo I

En una entrevista publicada en los contenidos extras del DVD *El sentido de la vida*, Cleese dijo que una nueva película de todo el grupo parecía improbable: "Es completamente imposible que todos tengamos el tiempo libre necesario. Además, yo no me considero gracioso y creo que ninguno lo sea tanto como lo era Chapman". Insistió en que todavía había cierto remordimiento por el fallecimiento de su compañero, comentario que fue apoyado por Eric Idle cuando dijo que él apoyaba esa reunión…cuando Graham Chapman regresase. (Posiblemente se hizo eco de un comentario de George Harrison sobre Los Beatles: "Hasta donde yo estoy interesado, no habrá una reunión de Los Beatles mientras que John Lennon permanezca muerto".

La "autobiografía" de Los Python, publicada en 2003 y compilada de una serie de entrevistas con los Python supervivientes, revela que hubo una serie de disputas en 1990 sobre la revisión de *Los caballeros de la Mesa Cuadrada* realizada por Idle, lo que posiblemente ocasionó la disolución definitiva como grupo. El sentimiento de Cleese era que Los Monty Python habían fracasado ya con *El sentido de la vida*, y no deseaba hacer otra nueva película. Aparentemente Idle estaba enfadado con Cleese por negarse a hacer la película que la mayoría de los Python deseaban hacer.

En marzo de 2005, y con motivo del estreno de *Spamalot*, el musical de Eric Idle, basado en *Los caballeros de la Mesa Cuadrada*, se reunieron de nuevo en Chicago y después en Broadway. En 2005 fue nominada a 13 premios Tony, consiguiendo tres: la Mejor Dirección Musical, la Mejor Dirección para Mike Nichols y la Mejor Actriz Musical para Sara Ramírez que interpretó a la Señora del Lago, un personaje agregado especialmente para el musical.

Debido en parte al éxito de *Spamalot*, PBS anunció el 13 de julio de 2005 que la cadena empezaría a emitir de nuevo todos los capítulos de *Monty Python's Flying Circus*, así como un nuevo especial para cada miembro del grupo de una hora de duración. Cada especial sería escrito por todos los miembros, existiendo también uno para Graham Chapman.

Capítulo II
El grupo

Capítulo II
Michael Palin

Nacido el 5 de mayo de 1943 en Sheffield, Yorkshire (Inglaterra,) es el miembro más joven del grupo y posiblemente el mejor aceptado, quizá por su eterna cara de niño bueno. Su nombre completo es Michael Edward Palin, tiene una hermana de nombre Ángela nacida en 1934 y está casado desde 1966 con Helen Gibbins, con quien tiene tres hijos: Thomas (interpretó un corto papel en *Los caballeros de la Mesa Cuadrada*), Williams y Rachel. Su padre era el gerente de una fábrica de papel higiénico y su madre era hija de un alguacil, circunstancias que siempre han parecido una broma suya, pero que insiste en que son ciertas. También nos explica que sus hijos Williams y Rachel son gemelos, pero que la chica nació dos años después a causa de un olvido de su madre.

Palin pasó su niñez en Whitworth Road, Sheffield, con sus padres y su hermana Sor Angela (quién es 8 años mayor que él), y a pesar de las exiguas ganancias que les proporcionaban la fábrica de papel higiénico consiguieron sobrevivir, continuando después trabajando como gerente de la Edgar Allen and Co., Palin's, una compañía de exportación de acero. Inicialmente, su padre pensó en fundir ambas empresas, el acero con el papel higiénico, pero las pruebas realizas en los servicios desaconsejaron tal mezcla. Ello no impidió que sus hijos tuvieran una educación esmerada en la escuela privada Birkdale y posteriormente en Shrewsbury. Mientras estaba en Birkdale las habilidades de Palin para el teatro comenzaron a desarrollarse, aunque en su paso a Shrewsbury sus oportunidades se redujeron al mínimo; nadie tomaba en cuenta a alguien que hablaba apasionadamente de las virtudes del papel higiénico suavizado. Esta podría haber sido la época en la cual Patin se hubiera convertido en una persona "seria y respetable", pero en esa época participó en *The Goon Show* (1951-1960), un serial radiofónico que daría lugar a la formación de Los Monty Python y que le proporcionaría esa sonrisa burlona de la que ya nunca se desprendió.

Merece la pena resaltar que aunque Shrewsbury era una escuela pública pequeña, oscura (por ser de provincias, no por la iluminación), fue la cantera para profesionales de gran prestigio como Willie Rushdon, Peter Cook, Richard Ingrams y Christopher Booker. Ingrams, por ejemplo, fue la piedra angular de la publicación satírica "Private Eye".

Cuando Michael Palin fue a la Universidad de Brasenose Oxford en 1962 para estudiar Historia, su pasión por el teatro se desató (suele decir que explosionó,) siendo su primer papel el de un campesino en la obra de Lope de Vega "Fuente Ovejuna". Lo cierto es que había otros 15 campesinos vistiendo ropas del siglo XV y ningún fotógrafo para inmortalizarle, pero seguro que alguien de su familia logró reconocerle, más que nada porque ese día tenía un fuerte dolor de muelas y sus muecas de dolor eran significativas. Parece ser que entre el público estaba Terry Jones, quien comentó que había sido la mejor obra cómica que había visto.

Capítulo II

En Oxford, Palin se asoció con su compañero de estudios Robert Hewison y ambos comenzaron a escribir guiones con el seudónimo de Seedy Entertainers, una de cuyas obras fue utilizada en la fiesta de Navidad de la Oxford University Psychology Society. Esto les proporcionó cierto prestigio, consiguiendo colocar otras obras satíricas en la televisión. En el segundo año, el equipo Palin-Hewison se unió a Terry Jones y juntos produjeron abundante material para el show "Loitering Within Tent". Este espectáculo contenía un sketch conocido como "Slapstick Sketch" que fue utilizado posteriormente en la Cambridge Footlights, de donde eran miembros John Cleese y Graham Chapman. Quizá esta mezcla de ideas fue en parte la responsable del nacimiento de Monty Python.

Palin-Hewison-Jones formaron ya un equipo de guionistas, y mientras que trabajaban en el show *Hang Down Your Head and Die* participaron en el Festival de Edimburgo de 1964 y en el show "Oxford Revue" (el lugar en donde Palin conoció a Eric Idle.) Aunque la mayoría del material estaba escrito por Palin y Hewison, el show era menos satírico y más raro que la mayoría de los que posteriormente elaboraron, quedando claro que fue la mezcla de todo el grupo lo que les proporcionó esa personalidad única. Después de ese show es cuando Palin y Jones se encontraron con David Frost. Para los lectores no informados, les aclararemos que Sir David Frost ha sido una institución en la televisión durante 40 años. Enrevistó nada menos que a Los Beatles, Mick Jagger, Orson Welles, Tenessee Williams, Noel Coward, el Príncipe Carlos, Muhammad Ali, el Shah de Persia, el Rey Hussein, Golda Meir, Moshe Dayan, Yitzhak Rabin, Nixon y Margaret Thatcher.

En 1966, Palin y Jones comenzaron a escribir el guión de *Frost Report* (1966), al mismo tiempo que se unieron a un grupo abigarrado de escritores incluidos Tim Brooke-Taylor, Bill Oddie (más tarde miembro de The Goodies), Denis Norden (quién después fue popular por el show "It'll Be Alright On The Nigth") y ciertos individuos por lo que nadie daba un duro entonces, llamados John Cleese, Eric Idle y Graham Chapman. Posteriormente serían sustituidos por John Cleese, Ronnie Barrer y Ronnie Corbett.

El equipo Palin-Jones, junto con Eric Idle formaron parte del show *Do Not Adjust Your Set* -originalmente dirigido a los niños-, pero repitieron el programa por las tardes para el público adulto (ahora con las animaciones de Gilliam y algunos pechos femeninos.) Después escribieron "The Complete and Utter History of Britain", aunque el resultado fue bastante malo. En 1966, un productor llamado Barry Took encargó a Palin, junto a otros 5 guionistas, una serie titulada provisionalmente *Owl Stretching Time*, la primera que sería bien aceptada por los críticos. De allí pasó a formar parte del filme *Jabberwocky* -1977 (de Terry Gilliam) y como co-guionista de *Time Bandits* -1981 (también de Gilliam.) El siguiente papel de Palin fue en el filme "The Missionary (1982)", también como guionista, en donde interpretó a un misionero que vuelve de África para crear un refugio para mujeres descarriadas, demostrando ya sus buenas habilidades como actor cómico, más que nada porque ellas insistían en descarriarle a él. Su siguiente trabajo fue *A Private Function*, de Alan Bennett, continuando con *Brazil*, donde abandonaría momentáneamente su imagen de buena persona para transformarse en un verdugo burócrata.

Capítulo II

Quizá el mejor papel de Palin al margen de Monty Python fue en *Un pez llamado Wanda* de 1988, en el cual interpretó a Ken Pile, un asesino amante de los animales. Aunque criticaba a quienes tartamudeaban, lo cierto es que él vivió ese defecto en su propio padre. Otros trabajos fueron en "East of Ipswich (1987)" (una obra semi-autobiográfica escrita por Palin) para la BBC2; "American Friends (1991)" -también escrita por él-, y como director de colegio de una escuela para niños físicamente impedidos que son molestados por gamberros en "GBH (1991)", un filme de Alan Bleasdale de gran prestigio.

Con "Globe trotting" de 1980, Palin contribuyó a la serie de documentales de la BBC titulados "Great Railway Journeys of the World", participando también en la serie "La vuelta al mundo en 80 días", "Full Circle" y "Hemmingay Adventure". Por si esto no fuera bastante, Palin cruzó el desierto del Sahara para un programa de la BBC.

Durante sus viajes, Palin tuvo que asumir diversos problemas, entre ellos la enfermedad de su mujer (tenía un tumor cerebral) y una salida precipitada de la URSS a causa de la revolución que derrocó al comunismo. Su última aparición en la televisión fue con el documental "The Ladies who loved Matisse", finalizando esa época con un viaje al Himalaya (una epopeya que se mostraría en el otoño de 2003 en la cadena BBC).

Palin recibió en 1999 el premio CBE New Years Honours.

Filmografía esencial:

1972 Y ahora algo completamente diferente (actor, guionista)
1975 Los caballeros de la Mesa Cuadrada (actor, guionista)
1977 La bestia del reino (actor)
1979 La vida de Brian (actor, guionista)
1979 The secret Policeman's Ball (actor, guionista)
1981 Los héroes del tiempo (actor, guionista)
1982 The Missionary (actor, productor, guionista)
1985 Brazil (actor)
1985 A Private Function (actor)
1988 Un pez llamado Wanda (actor)
1991 American Friends (actor, guionista)
1997 Criaturas feroces
2003 Himalaya (TV)

TERRY JONES

Terry Jones nació el 1 de febrero de 1942 en Bahía Colwyn, en el norte del País de Gales, siendo, por tanto, uno de los dos Pyton no-inglés, junto con Terry Gilliam. Realizó estudios de inglés en la Universidad de Oxford y ha desempeñado diversas categorías como la de actor, director, guionista y compositor musical de las películas del grupo y fuera de él.

Aunque todos los Python tienen un rango ecléctico en su carácter (son opuestos pero intentan armonizarse), Terry Jones siempre fue particular-

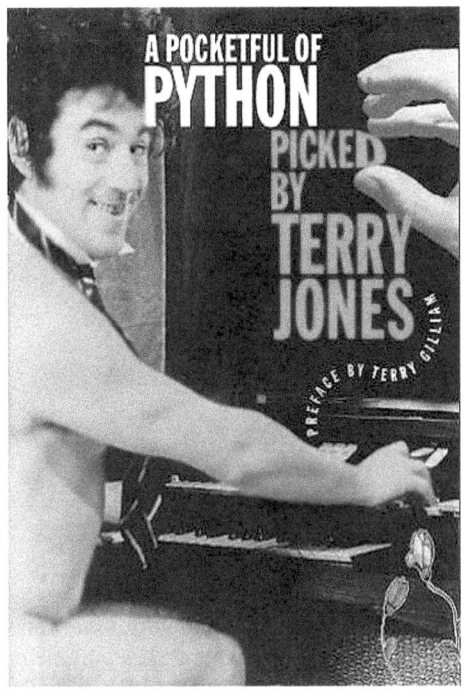

mente duro y difícil para la unión. El escritor George Perry comentó que Jones intentó con su grupo hablar de temas tan diversos como los combustibles fósiles, el sujetador sin costuras en las mujeres, los mercenarios en la Edad Media, o qué posibilidades tienen las chicas feas en la China moderna, pero se encontró siempre con una falta de profundidad filosófica en sus compañeros, desistiendo de continuar la conversación. Sin embargo, Jones nunca se mostró a disgusto en su trabajo y siempre se le pudo ver con un gran entusiasmo, llevando su lealtad al grupo de forma persistente, intentando que no se desunieran. Ya por entonces, todos pensaron que mientras que Terry Jones estuviera con ellos existirían, de alguna manera, los Monty Python. Obviamente, no contaban con Chapman y su deseo de viajar a mundos desconocidos.

La dedicación de Jones a los Python no es sin embargo una casualidad, pues así como Michael Palin escribía frenético, él se comprometía a dirigir películas como *Erik, el vikingo, El sentido de la vida, Los caballeros de la Tabla Cuadrada* y *La vida de Brian,* filmes en los cuales intervenía también como guionista y actor. Aunque el resto del grupo apreciaba sus esfuerzos, sería falso no admitir que había un poco de resentimiento al ver que ocupaba demasiadas facetas, todas ellas debidamente remuneradas. Esto produjo siempre diferentes críticas adornadas con el debido sentido del humor característico del grupo, lo que les llevó a asegurar en una ocasión que Jones no solamente se llevaba el mejor pastel, sino incluso el plato entero. Eric Idle, por ejemplo, constantemente le criticaba que fuera tan aburrido en su vida social, mientras que en las películas tenía una gran habilidad para sacar lo peor de las mujeres de mediana edad. Él se disculpaba diciendo que una mujer podía ser fea, desagradable y pedigüeña, pero si, además, tenía más de 40 años y se estiraba la piel, era imposible tocarla, especialmente si no se había depilado.

Recordado por sus papeles de mujer acompañado de la característica voz chillona, ha sido por ello el que menos autógrafos ha firmado. Empeñado en pasear por las calles debidamente trajeado al mejor estilo inglés, podía actuar como acomodador en el estreno de una de sus películas sin que nadie le reconociera. En la tercera serie de *Monty Python's Flying Circus* interpretó innumerables papeles, como juez,

masón, el hombre que hacía reír a todo el mundo, y las inolvidables escenas de milisegundos en las que aparecía desnudo tocando el piano. Entre su culo y sus vestidos de mujer, es fácil comprender que nadie le reconociera por la calle.

Fue también la divertidísima madre de Brian en *La vida de Brian*, film que dirigió él mismo, cargo que compartió en *Los caballeros de la Mesa Cuadrada* con Terry Gilliam. Después de la disolución del grupo se dedicó principalmente a la televisión como guionista y presentador, e incluso llegó a dirigir un episodio de la serie "Las aventuras del joven Indiana Jones". También fue guionista de la película de Jim Henson, *Dentro del laberinto*.

Filmografía esencial:

1974/1998 Los caballeros de la Mesa Cuadrada
1977 La bestia del reino
1979 La vida de Brian
1983 El sentido de la vida
1988 Servicios muy personales
1989 Erik el vikingo
1997 El viento en los sauces
2001 Dinotopía: el país de los dinosaurios

ERIC IDLE

Eric Idle nació el 29 de marzo de 1943 en South Shields, en el condado de Dirham. Cuando apenas tenía dos años, la tragedia golpeó su vida al fallecer su padre (miembro de la Royal Air Force) en un accidente de automóvil justo el día de Nochebuena. Hasta que cumplió 7 años lo pasó en Oldham y Wallasey, ingresando entonces en la Royal School, Wolverhampton, como interno. Allí pasaría los próximos 12 años, siendo descrito este lugar como un semi-orfanato de Midlands. No obstante, su natural inteligencia quedó bien patente en este lugar, destacando siempre como un alumno aplicado y eficaz.

En 1962, Eric consiguió entrar en la Universidad de Pembroke, Cambridge, para aprender lengua inglesa. Allí se unió a la Cambridge Footlights (después de realizar una audición para Bill Oddie y Tim Brooke-Taylor), siendo admitido en marzo de 1963. Pronto se encontró trabajando con David Gooderson, Richard Eyre y Humphrey Barclay, quienes ayudarían después en la formación del grupo Python.

Eric consiguió un gran triunfo en el festival de Edimburgo de 1964 (lugar en donde conoció a Palin y Jones), y el siguiente año siguió en "Footlights", donde efectuó muchos cambios como incluir por vez primera a mujeres, entre ellas a la escritora feminista Germaine Greer.

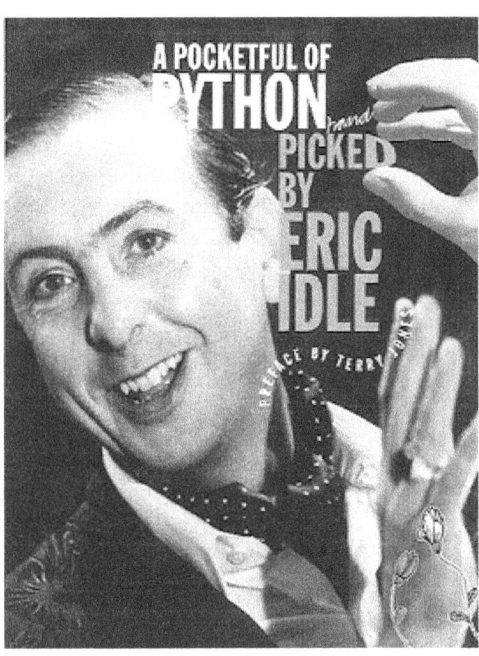

Después de graduarse, Eric cambió de rumbo y en 1965 trabajó en la obra "My Girl Herbert", antes de empezar en el cabaret El Ángel Azul de Londres. De allí siguió con el show "Oh What a Lovely War!", y el espectáculo navideño "One for the Pot", una experiencia negativa de la cual guarda un mal recuerdo. Al mismo tiempo, Idle escribía guiones para el show radiofónico *I'm Sorry I'll Read That Again*, antes de cooperar en *The Frost Report* (1966), un espectáculo cómico escrito y protagonizado por David Frost. Esto le llevó a su vez a colaborar en el guión de "No That's Me Over There", un vehículo para el lucimiento de Ronnie Corbett.

Idle trabajó en el guión de *Do Not Adjust Your Set* junto a Michael Palin y Terry Jones, momento en que conoció a Humphrey Barclay. Permaneció así trabajando para la televisión, simultaneándolo con "Radio Five" de Radio One. Después de su unión a los Python, Idle realizó algunos trabajos para la televisión local en el programa "Rutland Weekend Television" (1975), con música de Neil Innes, el extraoficial "séptimo Python". Otro contribuyente de este show era el ex-Beatle George Harrison, quien apoyó decididamente su trabajo y los proyectos de los Python.

El sketch "Rutland Weekend Television" supuso el espaldarazo que necesitaba para producir proyectos futuros como *The Rutles*, un documental sobre la vida de los Beatles para la televisión en el cual intervinieron estrellas como Dan Ackroyd, Bill Murray, Michael Palin, Mick Jagger y el propio George Harrison (quien por cierto fue entrevistado por Idle.) Durante los años setenta, la carrera de Idle en los EE.UU. se centró en organizar (junto con Michael Palin) el show de los sábados "Saturday Night Live", cuna de los mejores humoristas del mundo, así como aparecer como invitado en el filme "National Lampoon's European Vacation".

En 1981, escribió y produjo su propia obra, "Pass the Butler". Aunque poseía el mismo marcado acento irreal y trataba asuntos de indudable interés como la corrupción policíaca y los travestidos, nunca fue bien recibida, salvo en Escandinavia. En 1986 interpretó a Ko-Ko en la ópera cómica "Mikado", una serie televisiva dirigida por Jonathan Miller, con la acción centrada en el Japón de 1920. Este mismo papel había sido interpretado en 1960 por el popular Groucho Marx. También re-escribió algunas de las canciones que hacían referencia a personajes contemporáneos, entre ellos al entonces Presidente Ronald Reagan.

Después de una aparición en la fallida obra de Terry Gilliam *Las Aventuras del Barón Münchausen*, Idle se asoció con Robbie Coltrane para "Nuns on the Run", en la cual dos chicas perversas se intentan esconder de la justicia en un convento. Sus siguientes filmes, "Splitting

Heirs" (interpretado por Rick Moranis) no tuvo apenas éxito, aunque consiguió mejores resultados con "Leon the Pig Farmer" (que igualmente produjo.) Desde entonces a Idle se le ha visto en algunos cameos en Inglaterra y EE.UU., y también ha interpretado una película en 3-D sobre piratas con Leslie Nielsen. En Inglaterra le han podido escuchar cantando (con letra propia) la melodía del éxito de la BBC "On Foot in the Grave", con la cual ha efectuado también una gira por EE.UU., así como cantando en el show "Eric Idle exploits Monty Python" y prestando su voz para el filme "102 Dálmatas". Esta es la letra original de Idle:

They say I might as well face the truth,
That I am just too long in the tooth,
Oh I'm an OAP and with needs,
But I have not yet quite gone to seed.
I may be over the hill now that I have retired,
Fading away but I'm not yet expired,
Clapped out, run down, too old to save,
One foot in the grave.

Estuvo casado con Lyn Asheley desde 1969 a 1978, y a partir de 1981 con Tania Kosevich. Tiene dos hijos, Carey y Lily. Es conocido mayormente por el uso de pelucas ridículas (una de las raras ocasiones en que no usó peluca es en la escena final de *La vida de Brian*), y por sus exasperantes papeles, como el hombre invisible, el hombre de las fotos, el hombre que quería una hormiga, y el hombre que susurraba a los caballos (bueno, creo que me he equivocado) y otros.

Su espectáculo musical *Spamalot*, basado en la película *Los caballeros de la Mesa Cuadrada*, ha tenido gran audiencia en Broadway. Eric Idle es el único miembro que ha conseguido tener éxito cantando, y su melodía "Always Look on the Bright Side of Life" goza de gran popularidad.

Filmografía esencial:

1972 Y ahora algo completamente diferente (actor, guionista)
1975 Los caballeros de la Mesa Cuadrada (actor, escritor)
1979 La vida de Brian (actor, escritor, música)
1982 Monty Python en Hollywood (actor, escritor)
1983 El sentido de la vida (actor, escritor, música)
1983 Yellowbeard (actor)
1989 Las aventuras del Barón Münchausen (actor, música)
1991 Too Much Sun (actor)
1992 Missing Pieces (actor)
1992 Mom and Dad Save the World (actor)
1993 Recién nacido y ya coronado (productor, guionista, actor, música)
1995 Casper (actor)
2003 Hollywood, departamento de homicidios (actor)
2004 Ella Enchanted

JOHN CLEESE

John Cleese nació el 27 de octubre de 1939 con el nombre de John Marwood Cleese, en Somerset (Inglaterra), siendo su padre Reginald Francis Cheese, quien cambió su apellido a Cleese para evitar burlas, pues Cheese significa "queso". Se casó con Connie Booth en 1968 y se divorció en 1976, casándose posteriormente con Barbara Trentham en 1981 y en 1992 con Alyce Faye Eichelberger. Presume de haber estado casado con 18 mujeres y de tener dos hijas, Cynthia y Camilla.

Educado en el St. Peter's Preparatory School, Clifton College, Downing College y en la Universidad de Cambridge, donde estudió Derecho, destacó también en física y química, fútbol y críquet. Cuando Cleese llegó finalmente a Cambridge logró unirse al programa "Footlights" en 1962 (el programa había comenzado en 1883) junto a su compañero de estudios Alan Hutchison, con quien escribió "I

Thought I Saw It Move". En una de las audiciones encontró a Graham Chapman, y los dos formaron inmediatamente una sociedad de guionistas de gran éxito (esta apreciación es de Cleese), realizando en primer lugar "Double Take" (hay un remake de 2001.) Una vez que Chapman se marchó a Londres para terminar sus estudios de medicina, Cleese continuó escribiendo y realizando, teniendo un gran éxito (nuevamente, según él) con "A Clump of Plinths" (1963).

Después de graduarse con una nota alta, Cleese aceptó un trabajo en la BBC escribiendo sketches para diferentes shows, como el "Dick Emery Show" (1963), junto a Mel Brooks y Marty Feldman. A finales de 1964, se unió en la gira de "Cambridge Circus" (el espectáculo había comenzado en diciembre de 1963), primero en Nueva Zelanda, y posteriormente en Broadway. Cuando la gira acabó, Cleese se quedó en Nueva York apareciendo en el musical "Half a Sixpence" (1965) –sin acreditar- y continuando con cierto periodismo serio para Newsweek, participando también en American Establishment Review y en el magazín Help (para el cual reclutó a Gilliam.) De vuelta a Inglaterra, formó parte del equipo de guionistas de la serie de televisión "The Frost Report" (1966) -junto con 4 de los 5 Python-, uniéndose al grupo Graham Chapman cuando realizaron el show *Monty Python's Flying Circus* (1969.) Cleese también aparecía en varios sketches, incluso el famoso "el sketch de clase superior medio-baja" junto a Ronnie Barker y Ronnie Corbett. Al mismo tiempo, escribía para el show radiofónico *I'm Sorry I'll Read That Again*. De allí siguió al *At Last the 1948 Show, Doctor in the House* (1967) e *It's Marty* con Marty Feldman, momento en que Barry Took congregó el equipo Python para su propia serie. En 1973, Cleese abandonó en la tercera entrega a los Monty Python y el resto del grupo continuó los últimos capítulos, aunque quedó claro que sin uno de ellos el grupo se resintió. No obstante, todos volverían a unirse para el filme *Los caballeros de la Mesa Cuadrada.*

21

Después de *Los caballeros de la Mesa Cuadrada,* el siguiente proyecto de Cleese afianzó su lugar en el mundo de la comedia, cuando en 1975 se transmitió el primer episodio de "Fawlty Towers", en el cual trabajaba también su esposa Connie Booth. Aunque sólo rodaron 12 capítulos, inspirados en el inolvidable "No mencionen la guerra", episodios como "The Germans" dejaron onda huella. Sin embargo,

"Fawlty Towers" también demostró ser un problema para Cleese, especialmente por los desplazamientos que debía realizar. Después consiguió trabajar en una amplia gama de proyectos, como "Silverado" (que le obligó a tomar lecciones de paseo a caballo), "Privates on Parade" y "Clockwise", junto con Los *héroes del tiempo* de Terry Gilliam y *Yellowbeard* (interpretada por Graham Chapman), antes de alcanzar el gran éxito de 1988 con el filme *Un pez llamado Wanda*. También ha conseguido mantenerse con obras menores como *Muppet Show and Doctor Who*, poniendo la voz a un gorila en *George de la jungla, Splitting Heirs* (con Eric Idle), y hasta en el *Frankenstein* de Kenneth Brannagh, sin olvidar su aportación política en una fiesta del partido Demócrata Liberal.

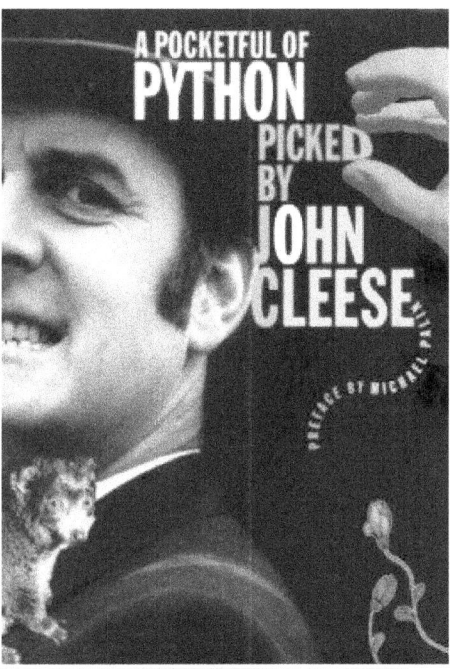

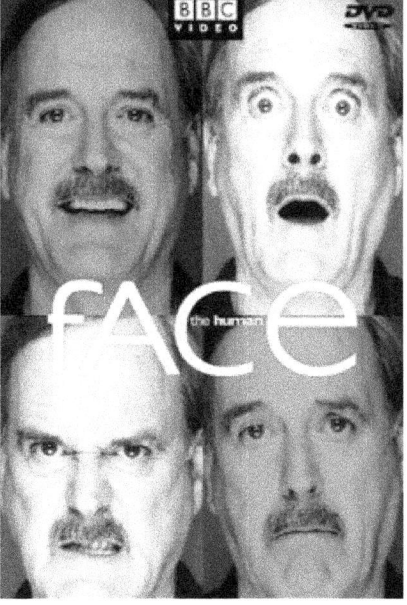

Después de *Un pez llamado Wanda* hizo en 1977 *Criaturas feroces,* aunque en esta ocasión comercialmente no tuvo éxito. Cleese ha escrito dos libros de autoayuda "Families and How to Survive Them" y "Life and How to Survive It". También llegó a ser famoso como el presentador de la BBC que aparecía sentado frente a un escritorio en lugares tan extraños como una calle, una playa o un camión, y que decía la frase "And now something completely different" (Y ahora algo totalmente diferente), que convirtió en slogan de los Monty Python. Más recientemente pudimos verle como Nearly Headless Nick en "Harry Potter", así como un experto inventor en "El mundo nunca es suficiente" y "Muere otro día" de la serie James Bond, sustituyendo al legendario actor fallecido Desmond Llewellyn. También prestó su voz al Rey Harold en "Shrek 2", a una paloma en "Valiant" de Disney, así como a Dios en el musical "Spamalot", espectáculo aún vigente y que ha sido premiado con tres premios Tony de 2005 al Mejor Musical, Mejor Director y Mejor Guión. Indudablemente ha sido el que más ha destacado en el grupo, aunque sus compañeros siembre han dejado bien claro que se debía solamente a que era el más alto de todos, razón por la cual le otorgaban los personajes más formales.

Filmografía esencial:
2004 La vuelta al mundo en 80 días (actor)
2003 George de la Jungla 2 (actor)
2003 Los Ángeles de Charlie 2 (actor)
2002 Muere otro día (actor)
2002 Harry Potter y la cámara secreta (actor)
2002 Pluto Nash (actor)
2001 Rat Race (actor)
1999 Forasteros en Nueva York
1999 El mundo nunca es suficiente
1997 Criaturas feroces (actor, guionista, productor)
1994 El libro de la selva (actor)
1994 Frankenstein (actor)
1989 Erik el Vikingo (actor)
1988 Un pez llamado Wanda, (actor, guionista, productor ejecutivo)
1985 Silverado (actor)
1983 La vida de Brian (reedición) (actor, guionista, compositor)
1981 Los héroes del tiempo (actor)
1979 La vida de Brian (actor, guionista)
1975 Los caballeros de la Mesa Cuadrada (actor, guionista)
1971 Y ahora algo completamente diferente (actor, guionista)

Graham Chapman

Chapman nació el 8 de enero de 1941 en Leicester (Inglaterra), siendo su padre Walter (un policía) y su madre Edith. Aunque permaneció toda su vida soltero, tuvo un amante de nombre David Sherlock, con quien vivió veinte años, adoptando ambos un niño de nombre John Tomiczek al que encontraron vagabundeando por las calles de Londres.

Su padre realizó numerosos cambios de domicilio llevándose con él a toda la familia, originando que ambos hermanos, John y Graham, estudiaran en colegios diferentes, aunque posiblemente la escuela que más le influyó fue Melton Mowbray Grammar. Allí fue donde se aficionó al teatro, especialmente por las obras musicales de Gilbert and Sullivan y Shakespeare, aunque sería el show *Footlights* lo que más le llamó la atención. Al igual que la mayoría de los Python, Chapman descubrió *The Goons* (el show que comenzó después de la II Guerra Mundial) gracias al director del colegio Sr. Brewster, siendo admitido en 1959 sin muchos problemas en el Emmanuel College para estudiar medicina. Inmediatamente consiguió trabajar en *Footlights*, considerado ya como un lugar clásico para el descubrimiento de nuevos talentos. Sin embargo, su primer trabajo artístico en el Fresher's Fair fue un fracaso que le descorazonó mucho, aunque la asociación con su compañero Anthony Branch para escribir su propio "smoker" ("extraoficial" versión en donde actuaban los aspirantes a *Footlights*) le consoló lo suficiente. Este atrevimiento ocasionó una nueva audición, siendo admitido como uno de los miembros. En esta segunda oportunidad estaba ya John Cleese (quién llevaba ya un año), y los dos se reunieron después en una cafetería, lugar donde sentaron las bases para una nueva sociedad de guionistas.

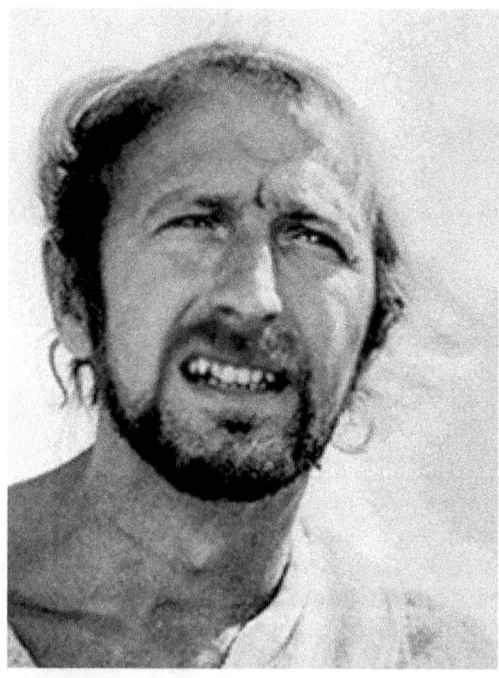

En 1962, Chapman y Cleese escribieron y realizaron *Double Take* (junto a Humphrey Barclay, Tim Brooke-Taylor y Miriam Magoyles, y dirigida por un joven Trevor Nunn, con un remake en 2001), parte de cuyo material fue empleado posteriormente en *I'm Sorry I'll Read That Again* y *Not The 1948 Show*. En el verano de ese año Chapman se fue a Londres para continuar sus estudios de medicina, aunque en sus ratos libres trabajaba en un cabaret, asociándose con Tony Hendra (un veterano de *Double Take*).

Chapman participó en 1963 en el show *A Clump of Plinths* (re-nombrada como Cambridge Circus), una vez que uno de los miembros se fue. Durante tres meses continuó con este trabajo hasta que el Cambridge

Circus le ofreció una gira por Nueva Zelanda, pero ello implicaba que abandonase sus estudios de medicina. Durante dos años se apartó de la universidad para viajar por Nueva Zelanda y posteriormente por Broadway, volviendo a Londres para completar sus estudios. En la graduación, Chapman decidió continuar con su nueva carrera comercial en lugar de ser médico (en parte porque sus finanzas habían disminuido drásticamente), y junto a John Cleese consiguió un trabajo para escribir guiones en el show de Marty Feldman, así como en algunos episodios de la serie "Doctor", (indudablemente sus estudios de medicina le ayudaron a ello), en la serie de Ronnie Corbett's "Look Here Now", en el "The Petula Clark Show" y en el filme "The Rise and Rise" de Michael Rimmer.

Desde allí, Chapman fue reclutado para "The Frost Report", junto a quienes serían sus compañeros en el futuro Eric Idle, Michael Palin y Terry Jones. Por desgracia y aunque el trabajo estaba muy bien remunerado, a lo largo de este tiempo Chapman cayó de nuevo en el alcoholismo, adicción que se había iniciado durante su estancia en Cambridge. Cuando rodaron *Monty Python and The Holy Grail*, su estado anímico era ya deplorable, lo que ocasionó problemas durante el rodaje, llegando a ser amenazado con la expulsión si seguía bebiendo, algo que hacía a escondidas, justificándose por el frío reinante. Incluso en una ocasión compró bebidas para todos y les invitó a unirse con él.

Uno de los mayores apoyos durante este período fue su compañero David Sherlock (quién también se dedicaba a cuidar a su hijo adoptivo John Tomiczek.) Parece ser que Chapman era ya un homosexual practicante desde que tenía veinte años, y que abrazó su opción sexual vigorosamente, hasta tal punto que llegó a ser miembro fundador de *Gay News,* así como un veterano activo por sus derechos legales. En 1977 (después de un esfuerzo francamente sobrehumano) dejó de beber e incluso sin la bebida su humor siguió siendo igual de insólito, superando a cualquier otro de su grupo. Por ello, su papel en *La vida de Brian* podría ser considerado como el mejor de su carrera.

Murió el 4 de octubre de 1989, víctima de un cáncer metastático de laringe a causa de su afición a fumar y beber. En el momento de su funeral, Eric Idle cantó un fragmento de "Allways Look On The Bright Side Of Life", la canción con la que termina *La vida de Brian.*

TERRY GILLIAM

Terry Gilliam (Terence Vance Gilliam) nació el 22 de noviembre de 1949 en Medicine Lake, Minnesota, siendo trasladado cuando cumplió los diez años a California, esencialmente para que su hermana afectada de asma pudiera mejorar en un clima más cálido. Su padre era un antiguo miembro de la caballería estadounidense, reconvertido en representante de comercio y posteriormente en carpintero, lo que no le impidió dar estudios a sus hijos. Terry estudió en el instituto hasta 1958, continuando con

Ciencias Políticas en la Occidental College de California, en donde editó la publicación "Fang" y colaboró como dibujante en la revista "Mad". Cuando se estableció en Nueva York trabajó igualmente con éxito en la revista "Help!", momento en que conoció al actor inglés John Cleese.

Coincidiendo con la Guerra del Vietnam y para evitar el reclutamiento forzoso, se unió a la Guardia Nacional durante breve tiempo, dejando Nueva York y Los Angeles, llegando definitivamente a Inglaterra en 1967, colaborando con los semanarios "Sunday Time Magazine" y "The Londoner".

Por mediación de Cleese se unió en 1969 al grupo Monty Python y a su popular programa "Flying Circus", siendo el único integrante no británico del grupo, destacando por su gran imaginación y por el demonio de los dibujos animados, algunos de los cuales fueron incluidos en los filmes del grupo. Su primera intervención cinematográfica con los Python fue en *Se armó la gorda* (1971), realmente una unión de los mejores sketches pero que hoy en día es ya una obra de gran valor. Individualmente comenzó como director en el filme de animación "Storytime" (1968) y "The Miracle of Flight" (1974), participando entonces en la serie de televisión *Do not adjust your set*.

Es denominado con el mote de "Capitán caos", pues sus películas suelen poner al borde de la quiebra a los estudios, al mismo tiempo que manifiesta un desprecio habitual a la prensa, acusándoles de envidiosos e ineptos. Su proyecto inacabado es una versión particular de Don Quijote de la Mancha (*El hombre que mató a Don Quijote*), en la cual interviene Johnny Deep, pero nuevamente el presupuesto desorbitado le obligó a abandonar, aunque ahora podemos ver parte del trabajo en el documental *Lost in La Mancha* (2002)

Está casado con la maquilladora del grupo Maggie Weston, a quien continúa unido, teniendo tres hijos, Amy, Holly y Harry.

Filmografía esencial:

1974 Los caballeros de la mesa cuadrada (codirigida con Terry Jones)
1977 La bestia del reino
1981 Los héroes del tiempo
1983 The Crimson Permanent Assurance, cortometraje incluido en El sentido de la vida
1985 Brazil
1989 Las aventuras del Barón Münchausen
1991 El rey pescador
1995 Doce monos
1998 Miedo y asco en las Vegas
2004 El misterio de los Hermanos Grimm
2006 Tideland

OTROS NO-PYTHON

Carol Cleveland responde al estereotipo de "rubia explosiva", y podríamos considerarla como la única actriz significativa en el grupo de Los Monty Python. Originalmente contratada por el productor y director John Howard Davies para aparecer en los primeros cinco episodios de la serie de televisión *Flying Circus,* su acertado trabajo le permitió aparecer en casi todos los episodios, así como en algunas de las películas de Python. Su retrato como la estereotipada rubia de hermosos pechos, le hicieron ganar el apodo de "Carol Cleavage".

Del mismo modo que muchos aficionados hablan del Quinto Beatle, hay también otros que aseguran que ella debería figurar en todas las biografías de los Python. La ex-esposa de John Cleese, Connie Booth, quién solía escribir y trabajar en algunos de los episodios de *Fawlty Towers,* alegó que Carol probablemente era la única actriz de interés en la serie. Ella aparecía en, entre otros, *The Lumberjack Song* y como la bruja en *Los caballeros de la Mesa Cuadrada.* Se ha sugerido que también pueda haber ayudado a Cleese y Chapman en el guión.

Neil Innes es el único no-Python, además de Douglas Adams, que colaboró en los guiones de *Flying Circus*. Aparecía en los sketches y las películas de los Python, así como realizando algunas de las canciones de *Monty Python Live at the Hollywood Bowl*. También participó de forma habitual cuando alguno de los Python estaba ausente, por ejemplo, cuando John Cleese no pudo asistir a tiempo al concierto conmemorativo para George Harrison. Terry Gilliam dijo en una ocasión que si alguien buscaba el título de "Séptimo Python," sería ciertamente Innes.

Eddie Izzard, un fan del grupo, también ocupaba de vez en cuando el lugar de alguno de los miembros ausentes. Cuando la BBC mostró *Python Nigth* en 1999 para celebrar los 30 años de la primera transmisión de *Flying Circus*, los Python grabaron algunas escenas con Izzard en representación de Eric Idle, quién estaba en América. También apareció con ellos en *Live at Aspen* y organizó una historia del grupo titulada *La vida de Python*.

Connie Booth

Nacida en Indianapolis, Indiana, en 1944, ha estado casada con John Cleese, con quien tuvo a su hija Cynthia. Su primer trabajo juntos fue en *Cómo irritar a las personas* (1968), permaneciendo juntos en la mayoría de los sketches de *Monty Python's Flying Circus*. También se la pudo ver en "Fawlty Towers" de 1975 a 1979, donde también ejerció como guionista. Su trabajo en la British TV en el papel de Lucy Connor entre 1992 y 1995, en el show "The Tomorrow People" afianzó su popularidad, acrecentada por poner pocos reparos a mostrarse desnuda.

Sus intervenciones en el cine han sido muy someras, destacando "High Spirits" (1988), con Peter O'Toole y "Leon the Pig Farmer" (1992).

POST-PYTHON

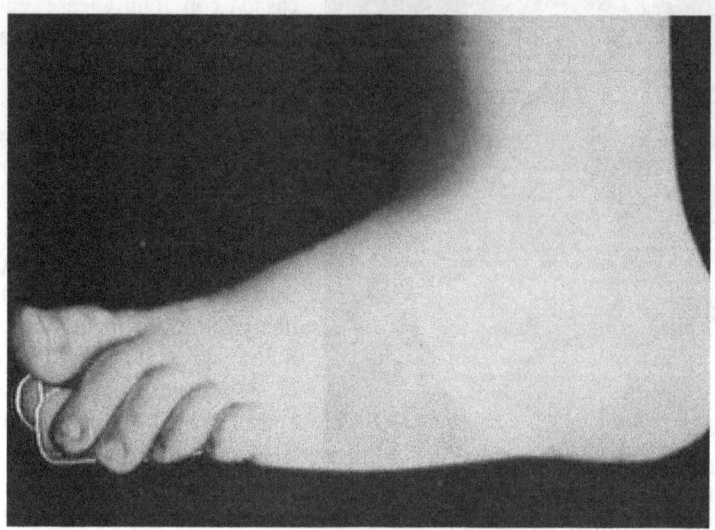

Al contrario del resto de sus compañeros, Chapman ni siquiera cambió su forma de trabajar por el éxito del grupo. Su proyecto, el filme *Yellowbeard*, fue un triste fracaso. El único éxito de la época post-Python consistió en la gira por América y Australia, así como las numerosas conferencias y audiciones, la mayoría de las cuales le resultaban tediosas, tal y como se puede leer en *Liar's Autobiography*.

En noviembre de 1988, Chapman fue ingresado en un hospital por un crecimiento anormal de sus amígdalas, donde se le diagnosticó rápidamente cáncer de garganta, el cual se extendió rápidamente al sistema linfático. A pesar del prolongado y doloroso tratamiento, Chapman continuó trabajando y apareciendo en la recopilación *Parrot Sketch Not Included*.

En septiembre de 1989, el cáncer se declaró incurable y dos meses después, el 4 de octubre, murió, con Michael Palin y John Cleese a su lado. El resto del equipo decidió no acudir a su entierro, evitando los medios de comunicación y hasta a la propia familia de Chapman, aunque enviaron una corona con el famoso pie de las películas, y un mensaje que decía "A Graham, de los otros Python. Deténganos si estamos poniéndonos demasiado tontos".

Dos meses después efectuaron un acto conmemorativo en el Hospital de St Bart Great, con los coros de "Always Look On The Bright Side of Life" y la escena favorita de Chapman "Jelusarem" (la versión china de Jerusalén), leyendo unas sencillas palabras por parte de John Cleese: "Graham Chapman no ha muerto. Él se ha ido para encontrarse con su Creador. Ha corrido la cortina y se ha unido a un coro invisible". Mientras Eric Idle reprimía sus lágrimas, otro miembro del grupo dijo que en realidad Chapman se había muerto para evitar seguir escuchando a Michael Palin, a quien acusaba de hablar demasiado.

Los cinco miembros supervivientes de los Monty Python siguieron realizando algunos trabajos juntos y recopilando todo lo grabado, tanto en la televisión, como en sus giras, pero se encontraron con numerosas trabas por los derechos de autor. Esta fue la causa de que tardásemos tantos años en poder disfrutar de sus obras completas.

Una fuerza influencia a finales de los años 70 fue la presencia de George Harrison, quien consolidó y hasta participó en *La vida de Brian*, aportando varias canciones, entre ellas *Lumberjack Song*. También hizo una aparición en el documental de Eric Idle que parodiaba a Los Beatles, retitulado ahora como *The Rutles* (All You Need Is Cash), que unió al grupo mejor que ningún otro proyecto y que fue visto por vez primera en "Saturday Nigth Live". Harrison dijo una vez en una entrevista, "Los Monty Python me ayudaron a superar el trauma de la disolución de Los Beatles".

Capítulo III
Películas del grupo

CAPÍTULO III

SE ARMÓ LA GORDA
AND NOW FOR SOMETHING COMPLETELY DIFFERENT (1972)
89 minutos

Director: Ian MacNaughton
Guión: Monty Python
Fotografía: David Muir
Dibujos: Terry Gilliam

Intérpretes:
GRAHAM CHAPMAN
JOHN CLEESE
ERIC IDLE
TERRY JONES
MICHAEL PALIN
TERRY GILLIAM
CAROL CLEVELAND
CONNIE BOOTH

Este filme, más que una película, es la recopilación de los mejores sketches del mítico programa de la BBC *Monty Python's Flying Circus* en el que John Cleese, Eric Idle, Terry Gilliam, Michael Palin y Terry Jones se dieron a conocer al gran público.

Era una experiencia inquietante pero al mismo tiempo interesante, escuchar la reacción del público en directo durante *Y ahora algo completamente diferente*. Por eso, y aunque no nos encontramos realmente con un filme, sino con una muestra de algunos de los mejores sketches televisivos y radiofónicos, hemos disfrutado enormemente con esta mezcla teatral y escuetas salidas al exterior. Realmente da igual la procedencia, ya que lo importante es reírnos con sus gags y eso es algo que se consigue sin problemas en este filme. Rodado en 35 mm y aderezado con las mejores animaciones que realizó Gilliam en el programa de TV (reelaboradas por él mismo para la pantalla grande), supone un compendio del estilo que ha caracterizado siempre a los Python, aunque no encontremos la menor cohesión entre los diferentes capítulos. Podían haber estado ordenados de otro modo y nos hubiera dado igual.

El humor surrealista, los diálogos disparatados y cierta, pero comedida, crítica social, aderezada con mucho sarcasmo y bastante humor negro, nos obligó a reírnos más de la cuenta, incluso con rugidos explosivos, defecto que nos impedía escuchar el chiste siguiente. No importa, para eso tenemos el *rew* en el DVD. El público indudablemente era favorable y aunque el director intentaba mostrar a quienes reían más aparatosamente, creemos que no suponían una excepción, sino la norma.

Los protagonistas apenas son cinco varones y dos mujeres, los cuales adoptan numerosos personajes, todo ello ensamblado con cierta anarquía a través de una serie de sketches separados por interludios animados. Cierta lógica demente parece conectar los sketches entre sí, y aunque esto parece más una visión benevolente, la película mantiene alguna coherencia por haber sido rodada en la misma época y lugar con el único deseo de provocar la risa.

Hay un sketch, por ejemplo, como el del húngaro en el estanco intentando pedir los cigarros con la ayuda de su diccionario inglés-húngaro provocativo, que termina siendo una burla sobre los inmigrantes que llegan a un país sin dominar el idioma, pero que no es en ningún modo racista. Vale, ciertamente parece exigir a los inmigrantes que deben aprender el idioma antes de pedir trabajo en Inglaterra, pero la crítica nunca es obscena ni despreciativa. Para impedir cualquier ataque conservador, el editor del diccionario es acusado de perturbar el orden establecido con esa sarta de traducciones sexuales.

Pero no todas las secuencias provocan la risa y algunas solamente consiguen que esbocemos una sonrisa, y eso si somos incondicionales de los Python, puesto que a los que la ven por vez primera seguro que no les hace ninguna gracia, o al menos eso es lo que comentan en los foros de Internet. Para este tipo de público (muy joven, mayoritariamente), el filme es frustrante, y hasta se asombran que a nosotros, los fans convencidos, nos haga tanta gracia. Quizá es que estamos condicionados.

LOS CABALLEROS DE LA MESA CUADRADA
(Y SUS LOCOS SEGUIDORES)
MONTY PYTHON AND THE HOLY GRAIL (1974)
89 minutos

Director: Terry Gilliam/Terry Jones
Productor: Mark Forstater
Guión: Monty Python
Música: Neil Innes, De Wolfe

Intérpretes:
GRAHAM CHAPMAN: Rey Arturo, Hiccoughing Guard
JOHN CLEESE: Sir Lancelot

Capítulo III

CAROL CLEVELAND: Zoot y Dingo
ERIC IDLE: Sir Robin
TERRY JONES: Dennis's Mother, Sir Bedevere, Príncipe Herbert
MICHAEL PALIN: Sir Calahad/Dennis
TERRY GILLIAM: Patsy

Estos caballeros tienen un noble propósito: encontrar el santo grial, el cáliz que usó Jesucristo en la Última Cena y que contiene la sangre que derramó durante su crucifixión. Pero son pobres, tanto que no tienen apenas ejército, ni armas, ni mucho menos caballos, por lo que deberán simular que trotan mientras uno de ellos con dos cocos efectúa el sonido de los cascos. Su camino está lleno de penurias y tendrán que pasar hambre, ser insultados y pelear con brujas, adivinos, conejos antropófagos y caballeros rivales que no les dejan pasar por un puente que les llevarán rectos a su destino. El Caballero Negro es el peor y el más tozudo de todos, pues sigue peleando con ellos a pesar de que le han cortado los brazos y las piernas.

Estrenada en 1974 como "Holy Grail", esta primera incursión cinematográfica (si no contamos la recopilación *Se armó la gorda*) pudiera parecer una película simplemente cómica y desmitificadora de los caballeros del Rey Arturo, pero debemos advertir que contiene variados y fidedignos detalles históricos de gran interés.

Las risas del espectador comienzan con los créditos de apertura, como una advertencia de que lo que van a ver y oír a continuación le obligará a reconsiderar su idea tradicional de cine cómico. Engañando con la gran variedad de estilos narrativos y dotando a sus protagonistas de diferentes papeles, los directores Gilliam y Jones en ocasiones parece que nos muestran diversos episodios unidos hábilmente, quizá porque su influencia televisiva todavía les marcaba. La película avanza muchas veces a trompicones, pero es tan visual que se nos antoja maravillosa.

Al principio, una larga secuencia nos muestra un paisaje yermo, lleno de montículos, mientras en la distancia se perciben varios caballos galopando suavemente, rítmicamente, que crece en intensidad y precisión a medida en que suponemos llegan hasta nosotros. Son los caballeros de la Tabla Redonda (o Mesa Cuadrada), con su jefe al frente, sumamente elegante y orgulloso, a pesar de que ni siquiera tiene caballo. Él es el legendario Rey Arturo (Graham Chapman) que sólo pretende montar un caballo, pero de momento es tan pobre que apenas si tiene alguien a quien ordenar.

Como rey de los bretones, ha sido enviado en una misión santa para encontrar el Santo Grial, y para ello cuenta con la ayuda de varios "caballeros" que le ayudan en su trabajo. Entre ellos está Sir Lancelot (John Cleese), Idle como Sir Robin, Jones como Sir Bedevere, Palin como Sir Galahad, y hasta otro caballero oportunamente nombrado que no aparece en la película.

Uno de los episodios más polémicos es cuando Arturo tiene que luchar contra el temible Caballero Negro, un tozudo pero feroz guerrero que se niega a admitir la derrota incluso después de que todos sus miembros han sido seccionados de una manera sumamente gráfica. Cuando la sangre llega casi hasta el espectador nos parece estar viendo una película de terror, pero afortunadamente los chistes nos demuestran que no, que es el humor de los Python. Y es que la figura de ese caballero es la valentía hecha persona, o la estupidez, elijan la que más les cuadre. Cuando el Rey Arturo, por fin vencedor de la sangrienta lucha a espadas consigue pasar, dejando bien desmembrado a su rival, este le dice desafiante "¡Regresa aquí, cobarde. Te morderé en las piernas si te atreves!" Entretanto, el caballero Robin huye velozmente como un cobarde cuando Three Headed-Knight le hace frente.

El argumento original proviene de Harrods, pero la versión cinematográfica lo puso al día para adecuarlo a nuestro humor y costumbres. Financiado en parte por los grupos de rock Pink Floyd y Led Zeppelin, "El Santo Grial" fue rodada con un presupuesto minúsculo (por eso se les ocurrió no poner caballos) y ellos, los Python, realizan numerosos personajes debidamente maquillados para que los ciegos no les reconozcan. También hay extras, pero según confesaron no hubo problemas porque tenían muchos amigos desocupados, del mismo modo que pudieron utilizar gratuitamente los castillos gracias a era temporada baja de turistas. Afortunadamente, los resultados económicos en taquilla fueron bastante buenos.

Este podría considerarse como el primer guión cinematográfico del grupo, y el que dio origen a la marca característica de los Python. Cada participación de sus componentes es variada, del mismo modo que encontramos muy imaginativos los dibujos de Gilliam, y hay una contribución musical muy agradable de Neil Innes como el trovador que acompaña a Sir Robin. (Innes y Idle colaborarían después en la maravillosa parodia de Los Beatles, *The Rutles*).

Otro hábito de los Python es mezclar escenas antiguas y giros en el idioma que son propios de nuestra época, a menudo usados obscenamente. Esta técnica enfureció a muchas personas cuando se usó reiteradamente en el filme *La Vida de Brian*.

LA VIDA DE BRIAN
MONTY PYTHON'S LIFE OF BRIAN (1979)
93 minutos

        Productor: John Goldstone
        Productor Ejecutivo: George Harrison
        Director: Terry Jones
        Guión: Monty Python
        Música: Geoffrey Burgon, Andre Jacquemin, David Howman, Eric Idle
        Vestuario: Hazel Pethig, Charles Knode
        Dibujos: Terry Gilliam

Intérpretes:
GRAHAM CHAPMAN: Brian, Hombre sabio, Biggus Dickus
JOHN CLEESE: Reg
ERIC IDLE: Stan, Mr. Cheeky
TERRY JONES: Virgen María, Colin, Simón el santo varón
TERRY GILLIAM: Carcelero, Revolucionarios y Comandos Enmascarados, Profeta, Geoffrey
KENNETH COLLEY: Jesucristo
CAROL CLEVELAND: Elsie
GEORGE HARRISON
MICHAEL PALIN: Poncio Pilatos

Capítulo III

Muy a su pesar, los Python serán recordados siempre por este filme, y casi exclusivamente por él. Salvo sus incondicionales, que son miles, el público reacciona favorablemente al título de la película, pero se queda indiferente cuando se les menciona otras obras cinematográficas del grupo de indudable interés, demostrando que no han visto ninguna y que ni siquiera saben que hubo más.

La parodia "sacrílega" sobre Jesús estuvo a punto de no rodarse, y solamente la financiación del Beatle George Harrison consiguió sacar adelante un proyecto en el cual se habían invertido ya muchas horas de trabajo. "Brian" fue motivo de controversia desde los comienzos y si no se hubiera utilizado reiteradamente como reclamo los buenos resultados económicos de "El Santo Grial", nunca se habrían obtenido los 4,5 millones de dólares necesarios para el rodaje. El rechazo inicial estuvo motivado por la desafortunada frase de Eric Idle, cuando hablando de esta epopeya bíblica la definió como "Jesucristo, una lujuria por la gloria".

El proyecto tardó un año en comenzar a rodarse e inicialmente iba a ser la historia de San Brian, el decimotercero apóstol que siempre llegaba tarde a las reuniones, incluso a la Última Cena. Poco a poco cambiaron la historia para llevarnos hasta Brian Cohen, un pobre, inculto y estúpido varón que tuvo la mala suerte de nacer en un pesebre similar al de Jesús. Hasta los Reyes de Oriente se equivocaron, y eso que eran magos y les guiaba la estrella celestial.

Cuando el guión pasó por fin el proceso rígido de cambio y escrutinio según las normas habituales de los Python, Mary Whitehouse y su grupo de perros guardianes conservadores, al frente de "The National Viewer's and Listener's Association", aumentaron las presiones para que no se rodara. Pero ya era tarde, el milagro se había efectuado y las cámaras filmaban frenéticas.

La señora Whitehouse fue una persona singular, pues había trabajado como profesora de religión (no sabemos si ortodoxa, luterana o católica) hasta que la asociación de padres del instituto la expulsó por pedir a las madres de sus alumnos que no hicieran el amor con sus maridos (el adulterio no lo contemplaba), salvo que deseasen tener un hijo. Cuando salió con rumbo desconocido formó un grupo de mujeres viudas y divorciadas con la determinación de salvaguardar la moral de los hijos de la Gran Bretaña, utilizando reiteradamente la radio y la televisión. Hasta llegó a publicar una clasificación moral de las películas que tuvo cierto éxito entre cómicos y payasos, siendo mencionada frecuentemente en esos ambientes por sus declaraciones.

En 1979 su grupo de devotas castas ganó un caso importante contra "Gay News," una revista que contaba a Graham Chapman entre sus promotores. El caso fue muy polémico porque giraba alrededor de un poema publicado en dicha revista en el cual hablaba de la atracción homosexual supuesta entre un centurión romano y Cristo.

La corte decidió en favor de la señora Whitehouse y su influencia se hizo aún más intensa. En abril de 1979 había levantado ya mucha polémica sobre "Brian", acusándola de blasfema y por retratar a Jesús como un "profeta" ignorante que usaba un lenguaje obsceno. Este furor causó que la compañía productora EMI se volviera atrás en la financiación del filme, exigiendo a los Python que rectificaran el guión pues tenían miedo de ofender al público general.

Todo parecía perdido hasta que el ex-Beatle George Harrison (fan y amigo de los Python) y su compañero comercial Denis O'Brien, fundaran la "Hand Made Films" para conseguir que el filme fuera rodado, como así sucedió. Las primeras escenas se rodaron en Monastir, Túnez, con Terry Jones dirigiendo y Gilliam, que había co-dirigido "El Santo Grial", ejerciera como director artístico.

La película empieza con los Tres Hombres Sabios (los Reyes Magos, para ser más claros) que llegan a un pesebre donde una mujer ha dado a luz. Ella es fea, desagradable y nadie se explica que alguien la haya podido dejar embarazada. La historia nos explica eso del Espíritu Santo, así que preferimos esa versión. Cuando aparecen los magos diciendo que su hijo es en realidad el Mesías prometido, ella reacciona con total escepticismo, pero se deja convencer por los regalos ("¿Por qué no lo dijeron antes?" –les pregunta-) y porque le dicen aquello de, "Hemos sido guiados por una estrella", aunque ella les comenta que seguramente han bebido. Antes de marcharse, les recomienda que la próxima vez traigan más oro y menos mirra. Por eso, cuando les ve retornar al poco tiempo se pone contenta, pero los Reyes Magos ya se han dado cuenta de su error y después de quitarle los regalos le pegan unos cuantos golpes. Y es que la estrella que les guiaba se había equivocado de pesebre.

El resto de la historia nos muestra el paralelismo entre Brian y el otro bebé nacido cerca, al que le denominan como Jesús, el Mesías. Cansado de su vida de miseria, Brian se enrola con un grupo revolucionario que intenta derrocar al gobierno, pero son tan inútiles y estúpidos como el propio Brian, lo que ya es decir mucho. La nota sentimental se centra en su relación con Judith, una guapa chica que no logra impedir que le declaren culpable de crímenes contra el gobierno y le crucifiquen.

El alboroto que esta película causó antes de su estreno aumentó más, y peor, después del estreno. Muchos de quienes la criticaron no se molestaron en ver la película, pero eso no les impidió hablar en su contra y realizar presiones sobre grupos religiosos y políticos de Inglaterra y EE.UU. Afortunadamente, los Python tenían ya muchos partidarios, especialmente un grupo de estudiantes de la Universidad de McGill en Montreal, Canadá, que vistiendo como Brian y sus amigos protestaron por el silencio total que algunas emisoras de radio y televisión hicieron del filme, incluso a pesar del gran éxito mundial. También tuvieron que actuar porque la CBC canceló súbitamente la serie de televisión de los Python.

La crítica y controversia que *La vida de Brian* ocasionó frecuentemente llegaba al absurdo, siendo comentado en el programa "Not The Nine O'Clock", que criticó a los detractores mediante un sketch inteligente. En él, Pamela Stephenson moderaba un debate entre Mel Smith (como Alejandro Walker) y Rowan Atkinson (como el obispo que dirigió la película) sobre una película ficticia titulada "La vida de Cristo", en la cual Stephenson explica que se había considerado al filme como blasfemo. El debate se hace más acalorado cuando Smith denuncia que el personaje de Jesucristo en la película es claramente una alusión a John Cleese, citando como evidencia que incluso las iniciales J.C., son exactamente iguales. Atkinson se opone al argumento diciendo que "Cleese no encarna a Cristo, y la historia del filme es solamente una crítica al pueblo judío, empeñado en asegurar que el Mesías llegaría a Jerusalén para redimirlos a ellos solos. Tal egoísmo –insistió- merecía una crítica así".

Sí, este sketch no parece muy gracioso, pero tampoco lo fue el alboroto causado por *La vida de Brian*. Lo que sus detractores no vieron es que el filme no es un ataque a Jesús y su religión. Su mensaje es simple: Piensa por ti mismo. No te dejes manipular, sea por una religión, un grupo revolucionario, o un partido político, o al menos no lo hagas ciegamente.

Otra crítica vino de aquéllos que pensaron que Brian era realmente una nueva y mala versión de la historia de Cristo. Pero obviamente no han visto con tranquilidad el filme, especialmente cuando Jesús imparte el Sermón de la Montaña, en ningún modo ridiculizado, salvo en los comentarios de algunos de los asistentes.

Además del estupendo personaje de Brian encarnado por Chapman, hay también otras buenas actuaciones, como la de Poncio Pilatos interpretado por Palin, especialmente cuando lanza su discurso; la de Idle

CAPÍTULO III

como Cheeky, y la de Jones como un transeúnte santo que aprende las consecuencias de llevar la carga de otras personas.

A pesar de la controversia, o quizá debido a ella, la película funcionó muy bien en taquilla, permitiendo el lanzamiento en 1982 de *Live At The Hollywood Bowl*.

MONTY PYTHON EN HOLLYWOOD
MONTY PYTHON LIVE AT THE
HOLLYWOOD BOWL (1982)
77 minutos

Productor ejecutivo: George Harrison
Director: Terry Hughes
Guión: Monty Python

Intérpretes:
GRAHAM CHAPMAN
JOHN CLEESE
TERRY GILLIAM
ERIC IDLE
TERRY JONES
MICHAEL PALIN
NEIL INNES
CAROL CLEVELAND

Grabado durante las cuatro actuaciones que efectuaron en Norteamérica delante de una legión de admiradores, *Live At The Hollywood Bowl* es una más de las colecciones de sketches sacados de *Y ahora algo completamente diferente*. El entusiasmo es contagioso y algunos espectadores (muchos de los cuales vestían prendas alegóricas del grupo) corearon cada sketch como si fuera su canción favorita. Indudablemente, los Python también disfrutaron.

Live At The Hollywood Bowl es básicamente una combinación de buenas secuencias filmadas, gags y canciones de Neil Innes. De entre todos podemos sacar *The Silly Olympics* y *The Cheese Shop*, así como la entrevista casi inédita entre el Papa (Cleese) castigando a Michaelangelo (Idle) por pintar "La Última Cena" con más apóstoles. "Pero funciona –dijo Idle-, pues los dos apóstoles gordos compensan al flaco."

También hay una recomendación en *The Lumberjack Song* cuando nos piden que: Hagan el pis fuera.

EL SENTIDO DE LA VIDA
MONTY PYTHON'S THE MEANING OF LIFE (1983)
103 minutos

Capítulo III

Productor: John Goldstone
Director: Terry Jones
Guión: Monty Python
Música: Eric Idle, John Du Prez
Dibujos: Terry Gilliam

Intérpretes:
GRAHAM CHAPMAN
JOHN CLEESE
TERRY GILLIAM
ERIC IDLE
TERRY JONES
MICHAEL PALIN
CAROL CLEVELAND

Después de *Live At The Hollywood Bowl*, la última película del grupo completo fue *El sentido de la vida*, un trabajo sumamente inteligente y audaz que muestra a seis hombres con trabajos dispares, pero que plantean las mismas preguntas a un dios imaginario.

Antes de la película hay un corto extraordinario de Terry Gilliam sobre un grupo de ancianos, todos ellos empleados de una compañía de seguros que han sido desplazados por ejecutivos más jóvenes y agresivos, y que deciden organizar una revuelta proletaria contra sus jefes. "The Crimson Permanent Assurance" es una compañía como tantas otras en el mundo anglosajón, pero que en manos de Terry Gilliam adquiere una categoría visual difícilmente superable. Hay un cameo de Matt Frewer, famoso por la serie de televisión Max Headroom, que nos sobrecoge cuando saltando por la ventana al vacío dice algo así como, "a la mierda".

Después de la canción de apertura, cantada por Idle con un acento francés ultrajante, la película es una serie de viñetas que tratan sobre las siete fases de vida, más una mirada a lo que viene después. Algunos de los trabajos son indudablemente mejores que otros, pero parece ser que los Python intentaron ofender a la mayor cantidad de grupos sociales.

Para los católicos hay la historia de una familia que, debido a la posición de su iglesia contra el uso de preservativos, tienen tantos niños que se ven obligados a vender algunos para experimentación científica. Para explicar por qué no pueden usar anticonceptivos, Palin irrumpe con una oda llamada "Cada esperma es sagrado," advirtiéndonos que si expulsamos el esperma fuera de la vagina Dios se enfadará.

Indudablemente esto no es cierto, aunque dada la gran cantidad de personas a quienes la vida le va fatal, seguramente deberíamos volver a revisar la advertencia.

También hay una secuencia de fuerte contenido sexual (que puesta en manos de otro director y guionista hubiera sido considerada pornográfica), en la cual el profesor explica a sus jóvenes alumnos cómo se realiza el acto sexual. Cuando llama a su esposa para que se tienda en la mesa, se desnude y abra sus piernas con el fin de que él la pueda penetrar, los desorbitados ojos de los alumnos (y seguro que de algún espectador) no dan crédito a lo que ven.

Pero contra todo pronóstico, la escena que mayor conmoción causó fue cuando Terry Jones interpreta al Sr. Cresote, el hombre más gordo del mundo. Después de una comida particularmente grande, y con el fin de seguir engullendo platos suculentos, procede a vomitar por todas partes, incluso en el impecable esmoquin del camarero francés (Cleese), quien serenamente da las órdenes oportunas para que le traigan un cubo y "quizá una manguera". Aunque muy exagerada y debo reconocer que vomitiva (quizá me he contagiado por la escena), toda ella es un ejemplo de inteligencia y buen hacer en el modo en que se debe impactar en el público con el adecuado sentido del humor.

El filme alcanzó un gran éxito de taquilla (en algunos países superior a *La vida de Brian*), logrando también ganar el Premio del Jurado

Capítulo III

en el festival de Cannes de 1983. La muerte intempestiva de Graham Chapman les llevó a la triste decisión de no continuar con el grupo, y por ello los miembros del equipo han seguido en el cine por caminos diferentes, aunque con frecuencia se han vuelto a juntar entre ellos para diversos proyectos.

La idea de Terry Jones era llevar al público a un nuevo tipo de cine, siempre alegre, en donde multitud de personajes estuvieran hilvanados someramente, pero sin que todos juntos constituyeran una historia. Para muchos, la pequeña historia del comienzo es lo mejor de todo el filme, pero ¿cómo escoger lo mejor entre lo extraordinario? Después de esto y una vez salvados los títulos de crédito, la película da un inteligente giro hacia el surrealismo, con el edificio de la compañía de seguros convertido en un deslizante barco con velas y ancla, armado de tremendos cañones para atacar los modernos rascacielos.

¿Y qué decir del donante de órganos a quienes unos médicos acuden para extraerle el hígado cuando aún está vivo? ¿Es cruel o jocoso? Pero ¿acaso en la vida real no se extraen los órganos de los difuntos cuando el cuerpo está aún caliente? ¿Nos debemos reír con la escena o asustarnos ante la posibilidad de que tanta premura sea casi como lo que acabamos de ver?

La escena de la parturienta, con todos esos médicos hablando de sus cosas, mientras ella está tumbada con las piernas abiertas esperando que salga su bebé nos puede parecer jocosa, pero quien no vea una crítica feroz ante los procedimientos que viven millones de mujeres a la hora del parto es que está ciego. Después tenemos a los salvajes Zulúes masacrando al ejército británico, mientras sus jefes descansan y hablan muy serios, justo hasta que un feroz tigre se come la pierna de unos oficiales. El médico, en un alarde de estupidez, le asegura que se trata de un virus y que debe guardar cama algunos días. "¿Cómo es posible que haya un tigre en África?" –se preguntan estupefactos.

Curiosamente, los únicos que se cuestionan el sentido de la vida son unos pequeños peces que se aburren en su pecera, pero nadie les hace caso y nosotros menos. Finalmente, la escena que más nos entusiasmó es cuando ese grupo de hermosas muchachas con los pechos al aire y luciendo unas minúsculas braguitas, persiguen a un criminal para ajusticiarle. Estimulante manera de morir.

En el DVD Edición Especial, pudimos ver los siguientes sketches:
Martin Luther, un religioso ansioso por meter lo que le dejen.
Un experto, con el ejército británico salvando al mundo sin ser llamado.
La mujer del queso, lo mismo de antes, pero contado por Idle vestido de mujer.
Cachondo en la jungla, los soldados británicos persiguiendo al tigre.
Los Hendy, en un hotel moderno con Gilliam como botones.
El Sr. Creosote, antes de entrar en el restaurante para vomitar, caminando por la calle con su barriga apoyada en un cochecito de bebé.
Gastón nos lleva a dar un paseo, el interminable paseo, ahora igual de aburrido.

Capítulo IV
Otras películas

Capítulo IV

La siguiente relación de filmes están interpretados, y en ocasiones dirigidos, por uno o varios miembros de los Python, constituyendo todos ellos muestras indiscutibles de la habilidad de estos británicos para hacer el cine más surrealista del mundo.

THE MAGIC CHRISTIAN
1969
93 minutos

Productor: Denis O'Dell
Director: Joseph McGrath
Guión: Joseph McGrath, Terry Southern, Peter Sellers, Graham Chapman, John Cleese
Basado en la novela de Terry Southern

Intérpretes:
PETER SELLERS: Sir Guy Grand
RINGO STARR: Youngman Grand
RAQUEL WELCH: Slave Driver
ROMAN POLANSKY
CHRISTOPHER LEE: vampiro
WILFRID HYDE-WHITE: Ship's Captain
GRAHAM CHAPMAN: Oxford Stroke
JOHN CLEESE: Director de Sotheby's

El hombre más rico del mundo y su protegido nos demuestran hasta qué punto las personas se dejan comprar solamente por dinero. Esta historia, adaptada de la novela de Terry Southern, y con guión de Graham Chapman y McGrath, con las colaboraciones de Cleese y Southern, ofreció en su pase a la pantalla un resultado demasiado pobre. Hay momentos cómicos, indudablemente, pero no son suficientes. Es más, cuando la volvimos a revisar después de casi cuarenta años, nos dimos cuenta que su estilo fue incluso caduco en el año de su estreno. Ello no quiere decir que debamos perder la oportunidad de comprar el DVD, pues tantos buenos actores y guionistas merecen una revisión más benévola. Su mensaje es profundamente cínico, y ahora incluso más acertado que entonces, dándonos la oportunidad de contemplar de nuevo a Peter Sellers como el obscenamente señor adinerado que sabe manejar con cierto infantilismo el cinismo de las personas cuando dicen eso de que "el dinero no es lo más importante." Aunque no es una gran película, y esto es algo en lo que insistimos, sigue siendo muy superior a una gran mayoría de los filmes cómicos de los últimos años, y encima con la ventaja de ver a Sellers, Cleese, Chapman, y la escultural Raquel Welch con todo su esplendor físico en su papel de sacerdotisa.

La historia gira entorno a Guy Grand, un varón sin hijos que decide buscar un heredero digno, acudiendo casi sin interés a un parque para recoger a algún mendigo que merezca la pena heredar su dinero. El afortunado es Ringo Starr, y aunque no es un buen actor logra dar el aspecto de la persona buscada: simple, ligeramente estúpido y muy pragmático. Desde entonces, su mentor le viste, le da de comer, le presenta mujeres de infarto y le rodea de personas que le puedan mejorar su intelecto, que no es mucho.

Los aficionados al cine apreciarán mucho este filme al ofrecer ver reunidas a tantas estrellas populares, lo mismo que los fans de los Monty Python, destacando la escena de Cleese en una escena cómica e histérica en Sotheby. Chapman, por su papel, dispone de su momento glorioso como líder del equipo de Oxford durante una prueba de regatas. También deberán ver de modo especial el trabajo de Yul Brynner, en el papel de un imitador femenino que canta una melodía sumamente sexy.

Esta película se estrenó aproximadamente en la primera época de *Monty Python's Flying Circus,* aunque creemos que no les proporcionó ningún prestigio adicional. Los amantes de *Goon Show* (espectáculo con Peter Sellers) también notarán que Sellers interpreta de nuevo diferentes personajes, motivo por el cual termina anulando al resto del reparto, aunque ello no parece un problema.

LA BESTIA DEL REINO
JABBERWOCKY (1977)
100 minutos

>Productor: Sandy Lieberson
>Director: Terry Gilliam
>Guión: Terry Gilliam, Charles Alverson
>Basada en el poema de Lewis Carroll
>Fotografía: Terry Bedford
>Música: De Wolfe
>Efectos especiales: John F. Brown

Intérpretes:
MICHAEL PALIN: Dennis Cooper
MAX WALL: Rey Bruno el Questionable
DEBORAH FALLENDER: Princesa
JOHN LE MESURIER: Chamberlain
TERRY JONES: Poacher
TERRY GILLIAM: Man with Rock

Capítulo IV

Esa bestia es vil y sanguinaria, semejante a un dragón infernal, y su aliento de fuego está arrasando el reino medieval del monarca Bruno, aunque esto no parece entristecerle mucho, ya que sólo está preocupado por casar a su bella y virginal hija. El rey Bruno convoca entonces un torneo para elegir al guerrero que deberá matar a la bestia, pues ya ha aniquilado a la mayor parte de los varones casaderos, con lo cual la princesa corre el riesgo de quedarse soltera. Además, las arcas del reino están cada vez más vacías, y apenas hay ya brazos que puedan trabajar y pagar impuestos. Los pretendientes van llegando de todos los lugares del mundo, al reclamo de un bocado sustancioso: una bella mujer en la cama y el trono. Para lograrlo no tendrán que traerla flores y ni siquiera se les permitirá cortejarla con bellas melodías, sino que tendrán que demostrar su valentía matando al temible dragón. Desdichadamente, todos acaban muertos, pues la bestia es casi invencible.

Esos días y tal como sucede siempre con los cuentos de caballeros valerosos, acertó a pasar por esas tierras apestosas Dennis Cooper, un ignorante aprendiz de zapatero en busca de fortuna, quien muy a su pesar tendrá que pelear primero con caballeros ávidos de sangre, monjas-soldado, fanáticos religiosos, y algunos mercaderes. La princesa, además, no manifiesta ningún interés por él. Afortunadamente (o desgraciadamente) acabará convirtiéndose en el elegido para matar a la bestia.

La historia medieval no es muy original pero tiene el encanto habitual de las obras de Carroll (Alicia en el País de las Maravillas), y ofrece a Gilliam el entorno adecuado para lucirse y despilfarrar algunos miles de libras, habilidad que va pareja con sus buenas artes como director. El resultado es el habitual: mal funcionamiento en taquilla, muchos aplausos de los críticos, y cierta indeferencia de sus fans. Aún así, nos parece una obra a revisar ahora, más que nada para demostrar lo que un buen director era capaz de hacer con un guión sencillo y pocos medios económicos. Estupendos el vestuario y los efectos especiales.

THE RUTLES
(1978)

Director: Eric Idle
Guión. Gary Weis, Eric Idle

Intérpretes:
ERIC IDLE: Dirk McQuickly, Narrador, Stanley J. Krammerhead III Jr.
NEIL INNES: Ron Nasty
MICHAEL PALIN: Eric Manchester
GEORGE HARRISON: Entrevistador
BIANCA JAGGER: Martini McQuickly
MICK JAGGER: Él mismo
JOHN BELUSHI: Ron Decline
DAN AYKROYD: Brian Thing
BILL MURRAY: Él mismo

Este cuarteto musical, compuesto por Dirk, Barry, Stig y Nasty, se parece tanto a los Beatles que resultan idóneos para contarnos los comienzos del popular grupo musical sin tener que pagar derechos de autor a nadie. Son conocidos como The Rutles, y de la mano de Dirk seguimos su carrera musical desde los primeros días en Liverpool y Hamburgo, hasta las complicaciones ocasionadas por sus novias. El resultado es una extraordinaria parodia sobre la Beatlemanía y los muchos documentales que se hicieron sobre ello.

Si usted es un entusiasta de los Beatles o de Los Monty Python (y yo soy ambas cosas), disfrutará con este seudo documental que nos muestra el despegue hacia la fama del grupo inglés más popular de la historia. Además y aunque las canciones no son originales, el compositor Neil Innes ha logrado tal parecido que en muchos momentos nos parece estar oyendo la música original. Y no solamente eso, ya que todo cuanto vemos es una reproducción casi exacta de su forma de actuar en el escenario, de sus habilidades para esconderse de sus fans y hasta de su costumbre para gastar bromas a sus acompañantes.

Alguno de los gags son sencillamente magistrales y se puede disfrutar aún más con ellos en la medida en que se conozca la historia real de Los Beatles. Nos aseguran que su primer álbum lo grabaron en veinte minutos y que el segundo apenas un poco más, pero contado así nos hace reír, lo mismo que ver su vida familiar y la relación John y Yoko que originó la disolución del grupo.

Pero la historia aporta un nuevo ingrediente, pues es contada por un fan de Los Beatles, con tal entusiasmo que se nos contagia, ya que, además, parece conocer a sus ídolos perfectamente. Entre Dick James (editor musical sin ninguna habilidad fija), la fascinación de Ringo por el I-Ching, y los trabajos de Allen Klein y John Belushi, nos aportan momentos memorables, aunque ninguno como cuando escuchamos esas versiones de las canciones más populares. En este sentido hay que aplaudir la labor de Neil Innes, quien logró, conservando los acordes originales de las partituras, modificar sabiamente la música y la letra para que, aun siendo distintas, nos recordasen sin problemas las canciones de Los Beatles, como ese Penny Lane del final. No hay plagio alguno en ellas y ni siquiera intento de ridiculizarlas, sino más bien, resulta un homenaje a ellas. También son sumamente creíbles los personajes de John Lennon y Paul McCartney, este último interpretado por Idle, quien también hace de narrador y entrevistador.

Lo que es difícil de entender es la razón de su poca divulgación en la gran pantalla e incluso en DVD. Sabemos que fue elaborada inicialmente para salir en el programa *Saturday Night Live* de 1978, con una duración no superior a los 70 minutos, gracias a la buena amistad que tenía Idle con Los Beatles. Además, la idea fue reproducida posteriormente en el documental *This Is Spinal Tap* que se emitió seis años después, pero con bastante menos éxito. Cuando fue mejorada y ampliada para la edición en DVD, se contó con la bendición y participación del Beatle George Harrison, y los cameos reiterados de Mick Jagger y Paul Simon, consiguiendo entre todos un antídoto ante tanto documental soporífero y pretendidamente cultural.

LOS HÉROES DEL TIEMPO
TIME BANDITS (1980)
110 minutos

       Productor: Terry Gilliam
       Productor ejecutivo: George Harrison
       Director: Terry Gilliam
       Guión: Michael Palin y Terry Gilliam
       Canciones: George Harrison

Capítulo IV

Intérpretes:
    JOHN CLEESE: Robin Hood
    SEAN CONNERY: Rey Agamemnon
    SHELLEY DUVAL: Pansy
    KATHERINE HELMOND: Mrs. Ogro
    IAN HOLM: Napoleón
    MICHAEL PALIN: Vincent
    RALPH RICHARDSON: Dios supremo
    JACK PURVIS: Wally
    PETER VAUGHAN: Ogro
    DAVID RAPPORT: Randall
    KENNY BAKER: Fidgit

Las primeras reacciones cuando estamos viendo *Los Héroes del Tiempo* son que se trata de un filme ingenioso y bien producido. Las ubicaciones históricas se muestran con el carácter y el detalle adecuado, mientras que la acción es bastante desenfrenada, quizá tan vivaz que no da tiempo a reponerse de la sorpresa. Quien la contemple como una delirante página de un cómic, con sus reyes, princesas, gigantes y brujas, además de algunas bestias, disfrutará enormemente con ella, lo mismo que quienes manifiesten ser admiradores de los Monty Python. El problema, si es que lo podemos considerar así, es que tiene tantos ingredientes que se nos atragantan. Aún no hemos disfrutado con uno cuando ya tenemos encima dos o más alicientes. Si no es amante de las fábulas y de las películas de fantasía no trate de verla; pero si desea reírse y asombrarse ante la gran cantidad de personajes históricos y de leyenda que salen, todos juntos, y frecuentemente de uno en uno, con diálogos extraordinarios, no se la pierdan. Posiblemente aún hoy los críticos no saben si se trata de una película genial o un engendro mayúsculo; yo estoy seguro de lo primero. De todas maneras, le garantizamos el mareo y es posible que esa noche tenga sueños infantiles.

La película nos cuenta la historia de un niño y seis enanos que corren velozmente, bien sea a través del tiempo, o de sus enemigos, gritando continuamente y tratando de salvar a la humanidad de mil peligros. La imaginación del guionista y director es tan desbordante que a más de uno le ha cogido desprevenido, pero a nosotros nos ha entusiasmado.

Comienza con un niño que se va a acostar una noche en su cama (¿dónde si no?) y se queda asombrado, como nos ocurriría a nosotros, cuando un jinete a galope entra en su habitación rompiendo la pared, desatándose en ese momento una gran batalla. Lógicamente, los padres duermen tan profundamente (¿o estaban haciendo otra cosa?) que no se enteran de nada. Por eso el niño se une a los seis enanitos malhumorados y todos se embarcan en una odisea atravesando la historia en una máquina del tiempo invisible. Por lo que nos cuentan, parece ser que los enanos tienen un mapa que describe la ubicación de varios agujeros en el tiempo. Mediante estos agujeros ellos pueden aparecer junto a Robin Hood, Napoleón, y el Rey Agammenón, además de navegar en un barco situado encima de la cabeza del gigante Titán.

Así, de una manera resumida (es imposible describir todo cuanto sale en este filme), esto es lo que podemos ver en *Los Héroes del Tiempo*, además de una larga serie de chistes y situaciones cómicas como es habitual en su director. ¿Dónde situamos la película? Obviamente es una fantasía, también una obra cómica, una sátira de los cuentos de hadas, una historia para niños y en ocasiones una burla de la sexualidad reprimida. Imposible definirla sin equivocarnos.

La dirección del filme es soberbia, eso es innegable, lo mismo que el argumento y la labor del diseñador de producción y el director artístico, así como el diseñador de los disfraces Jim Acheson. Si la catalogamos, por tanto, por sus méritos artísticos es una obra genial, aunque no haya sido un éxito económico al no estar dirigida a un público en concreto. No es una película para niños aunque algunos niños se emocionen con ella, ni tampoco es similar a otras de los Monty Python porque no es tan cómica, sacrificándose ambas direcciones para lograr un intenso espectáculo visual.

Terry Gilliam escribió un guión para una segunda entrega, pero decidió abandonar el proyecto a causa de los fallecimientos de Jack Purvis y David Rappaport, dos de los enanos bandoleros.

LOS DESMADRADOS PIRATAS DE BARBA AMARILLA
Yellowbeard (1983)

Director: Mel Damski
Guión: Graham Chapman, Peter Cook
Fotografía: Ferry Fisher
Música: John Morris

Intérpretes:
GRAHAM CHAPMAN: Capitán Yellowbeard
PETER BOYLE: Moon
CHEECH: Segundo
CHONG: Nebuloso

Capítulo IV

PETER COOK: Percy Lambourn
ERIC IDLE: Clement
JAMES MASON: Hughes
JOHN CLEESE: Harvey
MARTY FIELDMAN: Gilbert
SUSANA YORK: Lady Churchill

El pirata Yellowbeard se escapa de la prisión para conseguir rescatar un tesoro, pero a su regreso su esposa le cuenta que tienen un hijo de 20 años, y que para mayor vergüenza, es un intelectual. Desde ese momento, tanto la Armada Británica, como el propio Yellowbeard, su hijo, y antiguos miembros de su tripulación, persiguen al mismo tiempo el tesoro, proporcionando desde ese momento una gran diversión a los espectadores.

Basada en Blind Pew, una tradicional historia de piratas relativa a la Isla del Tesoro, el filme parece no obstante estar inspirado en la vida real del pirata asesino Edward "Blackbeard" Teach, de quien se cuenta que en una ocasión se tiñó el pelo y lo prendió fuego para asustar a su presa, y también que era conocido por asesinar a la tripulación de las naves de modo horrible si se resistían. La gracia de *Yellowbeard* es que nos muestra actos horrendos de violencia y robo pero con cierta referencia a Al Capone para motivarnos a la risa. La nota triste es que el actor Marty Feldman murió durante el rodaje, el 2 de diciembre de 1982, de un ataque cardíaco. La crítica fue despiadada con el filme, pero creo que se debió a que no entendían que una película de fieros y sanguinarios piratas pudiera contarse de modo también cómico. La mezcla de humor negro y sangre no fue bien aceptada.

John Cleese no tiene más que un cameo al principio y por ello la podríamos considerar básicamente como una obra de Graham Chapman, aunque indudablemente navega (valga la paradoja) bajo la bandera de Los Monty Python, hasta el punto en que en Alemania se estrenó con el título de "Los Monty Python en alta mar", con carteles que evocaban a las películas de Mel Brooks.

Los entusiastas de Los Python seguramente se quedaron un poco aturdidos al ver esta nueva aventura de Graham Chapman (después de la estupenda *The Odd Job* de 1978), pues este pirata es difícil de definir. La publicidad apoyó la actuación de Madeline Kahn como Betty, así como de Eric Idle, Peter Cook, Marty Feldman, David Bowie, James Mason, y Peter Boyle (como Mr Moon, en una referencia a Chapman en *The Odd Job*).

Aunque no es una gran comedia, posee momentos cómicos muy inspirados (particularmente las velas en el pelo, el hombre con su pie clavado a la nave, y Peter Bull como la reina Anne). Los cómicos Cheech y Chong parecen estar fuera de lugar, pero creo que se trata de una apreciación incorrecta. *Yellowbeard*, si se mira como una película de los Python y la comparamos con *La vida de Brian* o *Los caballeros de la Mesa Cuadrada*, sale mal parada, por lo que deberíamos unirla mejor a *Jabberwocky*. De hecho es probablemente más parecida a *Jabberwocky* que a cualquiera otro filme del grupo.

Sin embargo, la película no posee nada extraordinario para que podamos recordarla en años venideros, y más bien se olvida con frecuencia. Incluso cuando la hemos revisado en su pase a DVD desearíamos haber encontrado momentos memorables, aunque todavía hay secuencias que nos provocaron muchas risas.

Nuestra conclusión es que se trata de un filme desestimado que posee un humor sutil y complejo, con situaciones tan absurdas que es difícil saber si se trata de un error o una aportación deliberada del autor. Una vez que nos hemos serenado nos damos cuenta de que no hay nada al azar, que todo está bien estructurado y que hay gran profesionalidad en sus creadores. El humor es de nuevo ultrajante para las víctimas y hasta es acertado cuando es insípido y obsceno, tan frecuente en los Python. El resumen es que no hay término medio: o la odiamos o la amamos, y a mi me relaja siempre más lo último.

Capítulo IV

**BRAZIL
(1984)**
131 minutos

Director: Terry Gilliam
Guión: Terry Gilliam, Tom Stoppard, Charles McKeown
Fotografía: Roger Pratt

Intérpretes:
JONATHAN PRYCE: Sam Lorry
KIM GREIST: Jill
ROBERT DE NIRO: Harry Tuttle
BOB HOSKINS: Spoor
IAN HOLM: Kurtzmann
MICHAEL PALIN: Jack Lint
PETER VAUGHAN: Helpman

Esta película me dejó una grata impresión cuando la vi, algo que frecuentemente me ha ocurrido con todas las obras de los Monty Python. Nos muestra un mundo futuro, oscuro, donde el gobierno se ha convertido en una bestia burocrática gigantesca. El intercambio más simple requiere montañas de papel, y una adhesión estricta a los procedimientos oficiales que ha reemplazado a cualquier habilidad de pensar críticamente sobre lo que están haciendo. Nadie se rebela contra esa brutalidad, pues saben que están siendo espiados en cualquier sitio y hora. Sam es un hombre que parece feliz viviendo en ese engranaje, como si perteneciera a una máquina gigante, hasta que una vez sueña que vuela a través de los bonitos cielos azules hacia la mujer de sus sueños. Cuando intenta corregir al sistema de vigilancia que existe en el Ministerio de Información en donde trabaja, pues se ha producido la muerte de un hombre inocente, encuentra a la mujer que parece ser la misma de sus sueños. La línea entre sus pensamientos oníricos y la realidad le inquieta y es cuando decide rebelarse contra la máquina gubernamental para encontrar fuera el mundo al cual pertenece su amada.

Terry Gilliam parece no haber ahorrado gasto alguno para asegurarse cada elemento visual del mundo en donde se desarrolla el filme, logrando así un todo cohesivo que hace que sintamos como si realmente el mundo fuera así. Pero a pesar del buen despliegue de medios económicos, los estupendos decorados y la buena interpretación, esta película no logró el éxito de *La vida de Brian*. Quizá el complicado, aunque hábil argumento, o el excesivo metraje, tuvieron la culpa. No obstante, es una buena película imprescindible en cualquier videoteca.

Nominada a 2 Oscars (mejor guión y dirección artística), y ganadora del premio LAFCA al Mejor Director, Guión y Película, ahora sabemos que Gilliam tuvo serios problemas con la actuación de Kim Greist (la mujer del sueño de Sam), y como resultado de ello muchas de sus escenas fueron drásticamente cortadas y/o arregladas, aunque las originales se utilizaron para "Love Conquers All".

Gilliam tuvo también serios problemas (¿cuándo no?) con la productora del filme por razones económicas y artísticas. Ellos querían una película hollywoodense, eminentemente desenfadada y alegre, con la crítica social bien matizada y sutil. Estos cambios se realizaron y contribuyeron a que se mostrara en Norteamérica debidamente mutilada. Gilliam amenazó con repudiar la película, y por ello el filme que conocemos en DVD muestra la película esencialmente como él la concibió para ser vista, aunque consiguió suprimir algunas escenas de Jill.

A causa de sus problemas con la productora, Terry Gilliam publicó un anuncio a página entera en la prensa que costó alrededor de 1.500 dólares, en el cual exigía a Sid Sheinberg que dejara de mutilar el filme y lo exhibiera cuanto antes. Para llegar a un acuerdo aseguró que introduciría las reformas que le habían pedido, cosa que nunca hizo, y planeó así su estreno. Desgraciadamente, dos días antes del evento se descubrió el engaño y la Universal dijo que no exhibiría la película. Después de nuevas confrontaciones consiguió que se mostrara a su gusto y así fue vista por los críticos, consiguiendo ganar algunos premios con ella. Según expresó en el libro "La Batalla de Brasil", mucho del material tuvo que ser aportado por Robert De Niro, dada la tacañería del estudio.

Aunque la melodía principal es una variante de la tradicional "Brasil", fue modificada para numerosas secuencias, y la canción "Aquarela do Brasil" de Ary Barroso, pertenece al filme de 1943 "Saludos amigos" de Walt Disney.

Jack Purvis, un habitual en las películas de Terry Gilliam aparece como "Dr. Graham Chapman", una referencia a su compañero Chapman que estaba ya muy enfermo.

FUNCIÓN PRIVADA
A PRIVATE FUNCTION (1984)
93 minutos

Productor: Mark Shivas
Productor ejecutivo: George Harrison, Denis O'Brien
Director: Malcolm Mowbray
Guión: Alan Bennett
Basada en la historia de Bennett y Mowbray
Música: John Du Prez

Intérpretes:
MICHAEL PALIN: Gilbert Chilvers
MAGGIE SMITH: Joyce Chilvers
DENHOLM ELLIOTT: Dr. Swaby
RICHARD GRIFFITHS: Allardyce

Capítulo IV

Durante 1947, una vez finalizada la II Guerra Mundial, el pueblo británico está intentando sobrevivir, pues a pesar de haber ganado la comida escasea y está sometida a un estricto racionamiento y rigurosos controles llevados a cabo por inspectores del Ministerio de Alimentación. La población desea salir del pesimismo y en ese momento una boda real, la de la princesa Elisabeth y el teniente Phillip Mountbatten, es motivo suficiente para que todos quieran celebrar el acontecimiento, entre ellos un pequeño pueblo de Yorkshire, aunque para ello deberán cebar un cerdo obtenido de contrabando, el cual será el plato principal del banquete. Sacrificarlo, evitar al inspector, esconder las pruebas y acallar los rumores, serán los principales objetivos de Gilbert Chilvers y su mujer Joyce.

Esta película fue el debut como guionista cinematográfico del dramaturgo Alan Bennett, y el joven director Malcolm Mowbray intenta recrear las excéntricas bromas del modo más exacto posible, aunque frecuentemente la narrativa es anárquica. La película es sencilla y no demasiado pretenciosa (debíamos asegurar que carece de cualquier pretensión), pero viva y original, con los actores tratando de aportar cierta calidad. Maggie Smith, por ejemplo, está sumamente acertada como la madre anciana, ligeramente aturdida por las pretensiones delirantes de su hija. También está correcto Bill Paterson como el inspector del Ministerio. En resumen, una película casera y sin pretensiones (esto último ya lo he dicho antes; perdonen).

DENTRO DEL LABERINTO
Labyrinth (1986)
101 minutos

Director: Jim Henson
Guión: Terry Jones, Elaine May (sin acreditar)
Basada en la historia de Dennis Lee y Jim Henson
Fotografía: Alex Thomson
Música: Trevor Jones, David Bowie
Efectos especiales: George Gibbs
Maquetas: Wally Schneiderman, Nick Dudman

Intérpretes:
DAVID BOWIE: Jareth, el rey
JENNIFER CONNELLY: Sarah
TOBY FROUD: Toby
SHELLEY THOMPSON: Madrastra de Sarah
CHRISTOPHER MALCOLM: Padre de Sarah
FRANK OZ: Wiseman (voz)

Capítulo IV

¿Qué ocurre para que una obra en su momento poco valorada, alcance con el paso de los años categoría de "obra de culto". Bueno y ¿qué es una obra de culto? Para muchos es aquella película que los críticos modernos consideran casi como una obra maestra, pero que en su momento no fue estimada como tal. Sería como un reconocimiento póstumo a partir del cual nadie será capaz de menospreciarla, salvo ser catalogado llanamente como un ignorante. Esta película es una de ellas, estemos de acuerdo o no, aunque en este caso confirmamos esa apreciación elitista.

Los inicios son crueles, con esa guapa chica llamada Sarah que desea que los goblins se lleven a su ruidoso y caprichoso hermanito a  quien su madrastra le ha encargado cuidar. Su deseo se cumple por fin, pero en ese momento los sentimientos humanos brotan en su corazón y sumamente angustiada va en busca del pequeño. Pronto sabe que para rescatarle debe cruzar el laberinto, un lugar desquiciante y lleno de peligros que le llevará más allá de la ciudad de los goblins, justo hasta el castillo del Rey Jareth, quien va a convertir al pequeño en otro goblin.

La película no es un cuento para niños, pero puede ser vista por ellos sin que las escenas de crueldad les hagan llorar. Tampoco es para adultos, pero David Bowie indudablemente siempre ha tenido multitud de admiradores y disfrutarán con su malvada presencia. Así que los demás seguro que gozaremos viendo este pequeño prodigio de la animación y la fantasía, con un Jim Henson más profesional que nunca. *Dentro del laberinto* dispone de numerosas paradojas visuales y una producción impresionante, además de una historia inquietante e inteligente sobre la cual se asienta el buen guión de Terry Jones.

Jennifer Connelly está encantadora como la inicialmente perversa Sarah, pero su mirada es tan dulce que nos derretimos ya en las primeras escenas, lo mismo que Bowie cuando la tiene entre sus brazos para iniciar un baile.

Y luego está la historia, misteriosa y exenta de cualquier lógica. Si los personajes se despistan, el espectador aún más y en ocasiones nos parece estar viviendo un mal sueño que nos llevará a ser devorados por esos monstruos salidos de las piedras. Y el problema de las pesadillas es que suelen durar mucho más de lo deseable, lo mismo que ocurre con este filme, aunque es una pega que resulta soportable si la vemos en la cama abrazados a nuestro amor.

LAS AVENTURAS DEL BARÓN MÜNCHAUSEN
THE ADVENTURES OF BARON MUNCHAUSEN (1988)
122 minutos

Productor: Thomas Schuhly, Ray Cooper
Director: Terry Gilliam
Guión: Charles McKeown, Terry Gilliam
Basada en las historias de Rudolph Erich Raspe

Intérpretes:
JOHN NEVILLE: Barón Munchausen
ERIC IDLE: Desmond Berthold
SARAH POLLEY: Sally Salt
JONATHAN PRYCE: Horacio Jackson
BILL PATERSON: Henry
UMA THURMAN: Venus Rose
STING: Oficial
ROBIN WILLIAMS: Rey de la Luna

Nominada en 1989 al Oscar a la Mejor Dirección Artística, al Mejor Vestuario, las Mejores Maquetas y los Mejores Efectos Visuales, *Las aventuras del Barón Münchausen* de Terry Gilliam fue objeto, no obstante, de numerosas críticas. Y es que esta espectacular fantasía épica es tan distinta a cualquier otra que no es posible encontrar un espectador que disfrute con ella, al menos en toda su enorme extensión, nada menos que 122 minutos.

Todo comienza en una ciudad europea tomada por las tropas turcas durante el siglo XVIII, justo cuando unos actores recrean en un teatro de lujo Las aventuras del Barón Munchausen, un loco, un mentiroso y seguramente un bribón, aunque él prefiere considerarse como un héroe. Indudablemente el argumento no le hace justicia y por eso no le queda más remedio que salir a escena y presentarse como el auténtico barón, aunque es tan patético que nadie le cree. La leyenda habla que incluso logró viajar muchos kilómetros a lomos de una gran bala de cañón; que mató al temible dragón de tres cabezas, y que, además, viajó a la Luna, aunque hizo un alto para desayunar.

Gilliam tenía a su disposición una historia fantástica con la cual dar rienda a sus instintos, pero parece ser que se le cruzaron los cables de nuevo y además de poner a la productora en bancarrota, su película apenas gustó a nadie. Tanto es así, que una vez gastados los 52 millones de dólares del presupuesto, no consiguieron recaudar nada más que 4 millones. E incluso, ni siquiera mejoró la economía cuando se editó en vídeo y mucho nos tememos que ni siquiera en DVD, la mejor fuente de ingresos actual para las productoras.

Ayudado u obstaculizado por un reparto compuesto -literalmente- por miles de actores y extras, entre los que destacamos a Oliver Reed (Vulcano), Eric Idle (Berthold), y hasta un delirante Robin William, el accidentado rodaje complicó aún más las cosas. Cuando se efectuó el primer pase para la Columbia Pictures, los comentarios fueron tan desfavorables que decidieron no invertir un dólar más en publicidad, un tremendo error que les costó eso, los 48 millones de dólares que perdieron.

La historia es fantástica, pero en cierto modo, pues realmente hubo un Barón Münchausen. Su nombre era Karl Friedrich Hieronymus, y vivió entre 1720 y 1797, siendo un buen guerrero que luchó contra los turcos. Él era, se dice, muy hábil para embellecer sus historias de guerra, y en 1785 Rudolph Erich Raspe publicó un libro en Inglaterra que decía recrear fielmente la vida del barón. No debió estar mal escrito porque Munchausen no se quejó al parecer de este libro que reafirmaba gratuitamente su reputación, aunque matizó algunas de las historias, como aquella en la que se decía que ató su caballo a una rama pequeña en una tormenta de nieve, y descubrió cuando las nieves se fundieron que la ramita realmente era la veleta de la iglesia.

Una vez que hemos dejado claro que se trata de una película de fantasía para adultos (y no precisamente por las escuetas escenas eróticas) y una vez que nos acercamos con este espíritu, apreciaremos el ingenio furtivo y la originalidad que nos aporta la mente de Terry Gilliam y sus colaboradores. Los efectos especiales son asombrosos, pero ensombrecidos por el humor empleado, como cuando ese corredor demuestra ser el más rápido del mundo. El barón (John Neville) está acompañado en algunas de estas aventuras por sus amigos, no sólo el hombre más rápido del mundo, sino también el hombre más fuerte del mundo, el hombre con el mejor oído, y otro amigo que no tiene gran vista, pero posee gafas que le permiten ver casi cualquier distancia. Incluso cuando él está separado de estos camaradas, el barón viaja en buena compañía; una venus interpretada por Uma Thurman, y hasta hace amistad con el Rey de la Luna (Robin Williams), con una cabeza intercambiable para huir de su insoportable mujer. Los demás mortales no podemos permitirnos ese lujo, aunque ya nos gustaría.

Capítulo IV

UN PEZ LLAMADO WANDA
A Fish Called Wanda (1988)

Director: Charles Crichton
Guión: John Cleese
Basado en la historia de Cleese y Crichton
Fotografía: Alan Hume
Música: John Du Prez

Intérpretes:
JOHN CLEESE: Archie Leach
JAMIE LEE CURTIS: Wanda Gerschwitz
KEVIN KLINE: Otto
MICHAEL PALIN: Ken

Premiada con un oscar al Mejor Actor en 1988 para Kevin Kline y nominada al Mejor Director y Mejor Guión, supuso el reencuentro de parte de los Python con el público, o al menos siempre se ha considerado así a este filme.

Nos encontramos con una obra que juzga obsesivamente las excentricidades de las personas, mostrándonos a un Barrister Archie que se enamora y pierde el sentido por una criminal sexy que no encuentra problemas para seducir a cualquiera, ni siquiera a los espectadores. Ella es Wanda, una extraordinaria Jaime Lee Curtis, más escultural que nunca, que decide engatusar también a Otto, un varón charlatán y poco inteligente, además de un psicópata que cree que el metro de Londres es un partido político. Consciente de sus encantos ella se pone un vestido escotado, pues sabe que todos los hombres cuando miran el escote de una mujer bella son capaces de decir toda la verdad, incluso los ladrones. Pero el más estúpido de todos es Ken (Michael Palin), desesperadamente enamorado de un pez tropical de su acuario, y cuya pasión es utilizada por Otto (Kevin Kline) para obligarle a que diga dónde están las joyas robadas.

Para muchas personas, *Un pez llamado Wanda* es una de las mejores películas cómicas de la historia, o al menos lo son algunas de sus escenas. La mayor parte del mérito indudablemente está en el trabajo de Cleese y Crichton, quienes llegaron a la conclusión de que en ocasiones los mejores gags no deben poseer diálogo alguno, permitiendo que el público adivine lo que los actores están pensando. En este sentido, Crichton es sumamente hábil para proporcionar rasgos sutiles en el rostro de los actores, haciendo que queden en vergüenza delante de los espectadores. Como si se tratar de una película de acción, las escenas cómicas se suceden una tras otra, llegando en algunos momentos a parecerse a una película de Los Hermanos Marx.

MONTY PYTHON'S PARROT SKETCH NOT INCLUDED
20 AÑOS DE MONTY PYTHON (1989)
72 minutos

        Director: Ian MacNaughton
        Guión: Monty Python

Intérpretes:
    STEVE MARTIN
    GRAHAM CHAPMAN
    JOHN CLEESE
    TERRY GILLIAM
    ERIC IDLE
    TERRY JONES
    MICHAEL PALIN
    CAROL CLEVELAND

Capítulo IV

Como ocurre con los dulces, esta película satisface a pesar de su bajo contenido. Nos presenta varias escenas populares de los Monty Python durante el show *Monty Python's Flying Circus*, enlazados con la narrativa de Steve Martin, en un esfuerzo para recrear retrospectivamente la vida de estos cómicos. Exhibido por vez primera en 1989 durante el "Aspen Comedy Arts Festival", se trata realmente de un documental sumamente entretenido, especialmente porque allí estaban los seis miembros del grupo por última vez.

Así, si usted quiere un pasaje retrospectivo breve de los momentos más culminantes de la serie, este filme es ideal. No es que nos hable de los comienzos, pero tiene bastantes escenas que merecen la pena ver. Sin embargo, ahora que todas las mejores actuaciones han sido editadas en DVD, quizá no le sea necesario comprarlo. Mejor cómprese la serie completa con todos los chistes, no con unos pocos escogidos. La distribuidora se lo agradecerá eternamente y seguro que también algunos de los Python.

Algunas citas:
Steve Martin: Eran altos. Eran guapos. Estaban locos. (Una pausa para las risas del público.) No voy a decirles que eso sea un mérito; bueno, lo de guapos sí, y quizá lo de altos, al menos para mí. Lo más

probable es que todo sea mentira, menos eso de que estaban locos, pero tampoco puedo asegurarlo porque... ¡Los quiero! (Risas enlatadas).

A finales de los años 60s, una fuerza cómica surgió en el mundo del espectáculo, tan estrafalaria, tan fabulosamente diferente, que los espectadores llegaron a pensar que todo iba a cambiar en el modo de hacer la comedia. Ellos, los Python, dijeron que era un modo inteligente -intelectual incluso-, pero indudablemente era muy popular. Sutil, pero también simple; peligroso, pero ardiente; visual, pero enormemente instructivo. Era un humor grosero, generoso, anárquico, y muy gracioso. Brillantemente cómico. Pero suficiente para mí y sus miles de admiradores. ¿Qué a algunas personas no les hace gracia los Monty Python? Eso es porque aún no han madurado o están sordos, o ciegos, o paralíticos de la boca, o solamente se ponen el cerebro el día en que deciden divorciarse.

ERIK EL VIKINGO
ERIK THE VIKING (1989)
108 minutos

Director: Terry Jones

Intérpretes:
TIM ROBBINS: Erik
MICKEY ROONEY: Abuelo
EARTHA KITT: Freya
TERRY JONES: Rey Arnulf
IMOGEN STUBBS: Princesa Aud
JOHN CLEESE: Halfdan el negro

Erik el Vikingo está cansado de los saqueos, las violaciones y de los cielos grises. Desea encontrar de nuevo la luz divina y para lograrlo reúne a varios guerreros de su pueblo y se embarcan en un viaje peligroso a Valhalla, donde pedirán a los dioses que acaben con la Edad de Ragnorok y que dejen a su gente ver la luz del sol otra vez. Su decisión está motivada por una chica de la cual se ha enamorado cuando estaba a punto de violarla, acto que no consumó a pesar de que ella insistía en ello, pues era su derecho como guerrero. Para solucionar el conflicto la mató.

Capítulo IV

El camino hacia la Luz está lleno de peligros que obstaculizarán su objetivo, el peor de ellos un dragón que parece de cartón, pero con una enorme boca que se traga a todos los guerreros que se le acercan.

¿Qué ha ocurrido con esta película? ¿Cómo es posible que teniendo un gran presupuesto, buenos actores y hasta un aceptable guión sea tan mediocre y soporífera? Si la intentamos juzgar como una historia épica de vikingos resulta demasiado cómica, pero si buscamos chistes originales quizá no sean suficientes. Eso sí, hay violencia en cada escena, mucha violencia gratuita. O somos benévolos con Jones o terminaremos odiándolo.

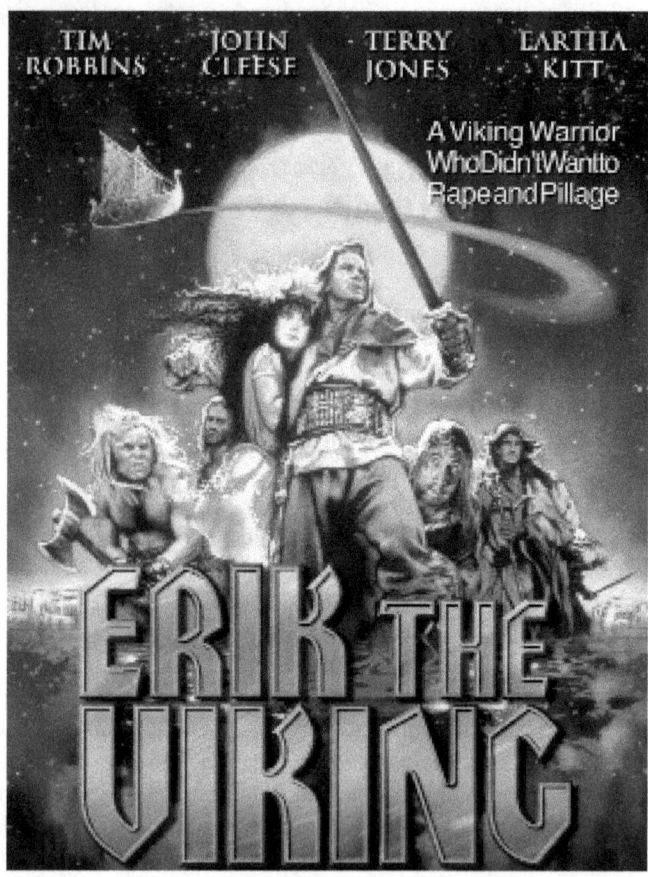

RECIÉN NACIDO Y YA CORONADO
SPLITTING HEIRS (1993)
88 minutos

Guión: Eric Idle
Director: Robert M. Young
Montaje: Tony Pierce Roberts
Música: Michael Kamen

Intérpretes:
ERIC IDLE: Tommy
RICK MORANIS: Henry
BARBARA HERSHEY: Lucinda
CATHERINE ZETA-JONES: Kitty
JOHN CLEESE: Raoul

El decimoquinto duque de una dinastía inglesa descubre que siendo un bebé sus padres le dejaron olvidado en un restaurante, y su dolor les llevó a adoptar a otro niño, mientras que él ha sido adoptado por una familia hindú. Cuando descubre la verdad y se da cuenta que ese niño le arrebató una enorme fortuna y que es considerado como el Duque de Bournemouth, decide luchar para recuperar el ducado, pero su mayor enemigo es su primo americano Henry, quien ha logrado convertirse en el heredero de la enorme fortuna que debería ser suya. Después llega una historia de incestos y amoríos infructuosos, lo que lleva a Tommy a la decisión de matar a Henry para solucionar todo el embrollo de golpe.

La película no provoca muchas carcajadas (posiblemente ninguna), pero al menos consigue que nuestra boca mantenga cierto esbozo de sonrisa durante toda la proyección, al mismo tiempo que los ojos se nos dilatan cuando vemos a una jovencita Zeta-Jones.

Idle no es un guionista pretencioso y le preferimos normalmente como actor, pero sus trabajos literarios siempre merecen una revisión, pues contienen más méritos de lo que aparentan. La presencia jovial y eternamente torpe de Rick Moranis, la belleza de Barbara Hershey (aquí de rubia) como la madre de Idle, y la sexualidad de Catherine Zeta-Jones como la novia de Moranis, sin olvidar a John Cleese en el papel de abogado que decide ayudar a Idle a recuperar su herencia, son suficientes ingredientes para tenerla en DVD. Los entusiastas de Monty Python seguramente disfrutarán con esta comedia, pero los demás...

EL REY PESCADOR
THE FISHER KING (1991)
137 minutos

Director: Terry Gilliam
Guión: Richard LaGravenense
Música: George Fenton
Fotografía: Roger Pratt

Intérpretes:
JEFF BRIDGES: Jack
ROBIN WILLIAMS: Parry
MERCEDES RUEHL: Anne
AMANDA PLUMMER: Lydia

Capítulo IV

Mercedes Ruehl fue premiada en 1991 con un Oscar a la Mejor Actriz Secundaria, anulando a actores tan importantes como Bridges y Williams. La historia nos habla de un famoso locutor de radio que tiene un programa nocturno de gran éxito, en el que da consejos sobre comportamiento y búsqueda de la felicidad a multitud de personas. El triunfo le permite vivir con gran lujo y parece feliz con ello, pero una noche tiene una terrible experiencia con un oyente, acabando convertido en un vagabundo. En los suburbios de la populosa ciudad conocerá a otras personas y otra forma de vivir, gentes que conviven -y sobreviven- en la misma ciudad que habitan millones de ciudadanos normales y adinerados. La crisis de valores que llega a su mente le lleva desde entonces a un conflicto existencial.

Esta película es excepcional por muchas causas, entre ellas porque está llena de ironía y porque lo que podía haber sido una basura melodramática se convirtió en una obra sumamente creativa. Con Robin Williams como el loco mágico y Jeff Bridges en una actuación que le permitió recuperarse de estigmas anteriores, el Rey Pescador es, ante todo, una película para meditar, pues nos muestran la verdad de la condición humana tradicional. Bajo la batuta de un siempre polémico Terry Gilliam, quien insiste en mostrarse como tal, la historia se desarrolla con suma inteligencia y emoción, especialmente cuando nos describen al loco personaje que encarna Williams. En lugar de ponerse y ponernos sensibles, el guionista nos remueve la conciencia. Al mismo tiempo, Gilliam construye por primera, y creo que única vez, en su carrera una historia casi corriente, sin fantasía adicional, aunque nos recuerda sutilmente su pasado en *Los caballeros de la Mesa Cuadrada*. También hace trampas para conmocionar a los espectadores, con esa idea tan extraña de mostrar la cordura y la locura, el amor, y la complacencia ante la adversidad. En ocasiones vemos excesos y algunas pedanterías típicas en Terry Gilliam en este moderno relato sobre la soledad, pero que en manos de otro director no alcanzaría ni siquiera la categoría de culebrón cinematográfico.

DOCE MONOS
TWELVE MONKEYS (1995)

Productor: Charles Roven
Director: Terry Gilliam
Guión: Janet Peoples, David Peoples

Capítulo IV

Intérpretes:
BRUCE WILLIS: James Cole
MADELEINE STOWE: Kathryn Railly
BRAD PITT: Jeffrey Goines
CHRISTOPHER PLUMMER: Dr. Leland Goines

En el mundo decadente de un futuro cercano, un recluso es enviado a través del tiempo al pasado, hasta los años noventa, para que descubra la fuente de una plaga que mató a millones de personas y obligó a la sociedad a vivir bajo tierra. La historia, por tanto, se mueve entre el presente, el pasado y el futuro, casi siempre confundiendo al espectador, dejándole con la necesidad de comentar el argumento cuando salga de la sala de proyección. Con suerte, entre varios amigos conseguirá averiguar todas las interrogantes que el director no ha sabido, o no ha querido, aclararle.

Inspirada en una película corta de 1962 obra de Chris Marker, *12 Monos* es otra obra ambiciosa de Terry Gilliam, ayudado por David Peoples, quien ya había trabajado con él en otras ocasiones y parece ser que tiene la misma visión de nuestro futuro como la tenía el propio Gilliam en el filme "Brazil". En este mundo del futuro todo es mohoso, subterráneo y con goteras, centrándose la historia en esos saltos en el tiempo que nos llevan desde el 1990 al 1996, con la esperanza que un presidiario ansioso de libertad consiga salvar al mundo de esa plaga mortal.

El viajero se llama Cole (Bruce Willis), a quien vemos en los comienzos del filme viviendo como un animal junto a otros humanos sobrevivientes, en una zona subterránea cercada por una invulnerable alambrada. La superficie del planeta ha sido salvada una vez más, pero detrás queda la muerte de cinco mil millones de personas víctimas de una plaga que comenzó en 1996. Cole es sacado de su jaula y es enviado en una expedición a la superficie por los gobernantes de esta sociedad, quienes esperan encontrar el origen de la plaga y derrotarlo. Después, es escogido para una misión más crucial: viajará atrás en el tiempo y buscará información sobre el virus antes de que se declarare. En ese momento, el guión no ofrece ninguna esperanza sobre la posibilidad de detener la plaga antes de que comience, puesto que, según su punto de vista, la plaga ha pasado ya, y deben buscar un tratamiento, ya que es inútil prevenirla.

Cole aterriza en 1990, sucio y con sangre, goteando sudor y mucosidad por cada poro, algo que ya es habitual en el Bruce Willis de las películas anteriores. Pero cuando sale de la cárcel, acaba en un hospital para enfermos mentales y es asignado a una guapa psiquiatra (Madeleine Stowe), quién cree que él está demente cuando dice que es un viajero del futuro que viene a salvar a la humanidad de un virus desconocido. Para convencerla, le dice: "Usted se dará cuenta que no estoy loco cuando las personas comiencen a enfermar el próximo mes". En ese momento el guionista y el director nos empiezan a marear con los viajes en el tiempo y después de pasar por la cárcel le vemos en el año 1996. Inmediatamente secuestra a la doctora porque él necesita ayuda para encontrar a 12 monos en Filadelfia, ciudad en la cual se supone que están los virus en estado puro, antes que se transformen en asesinos de humanos.

Cole descubre que un paciente de un hospital psiquiátrico llamado Jeffrey (Brad Pitt), a quien había encontrado en 1990, es un activista de los derechos de los animales contra su propio padre (Christopher Plummer), el cual es el jefe del laboratorio donde se alberga el virus mortal. Jeffrey no sabe qué camino tomar, especialmente cuando le meten en el hospital con los locos.

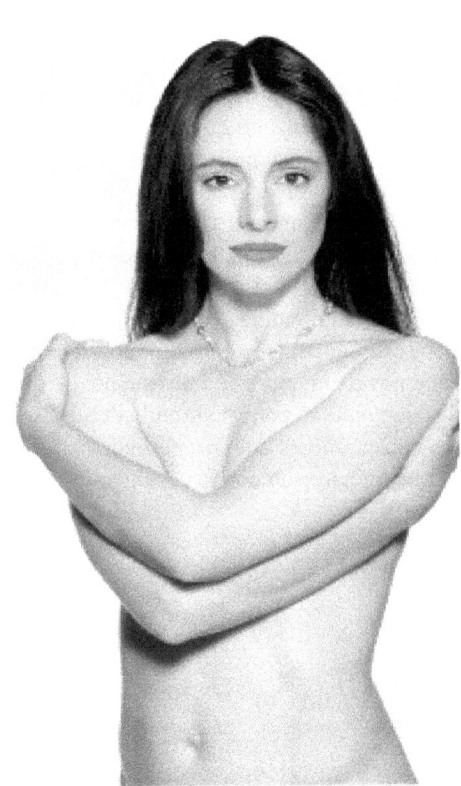

Todos estos argumentos los encontrará el espectador adecuadamente mezclados, pero no suficientemente aclarados. Por eso, a medida en que avanza la película, lo mejor que podemos hacer es olvidarnos del complicado argumento y disfrutar de las imágenes (y de Madeleine Stowe, por supuesto. Bueno, las chicas con Pitt y Willis). Yo estimo que después de ver la película tres veces saldremos un poco menos mareados.

Capítulo IV

Los decorados son capítulo aparte y los responsables del derroche de dinero que ya es habitual en Terry Gilliam, quien tiene fama de arruinar a los estudios con sus delirios fantásticos. Vemos a nuestro siglo XX convertido en una ruina y a las ciudades de enormes rascacielos sumamente sucias y desorganizadas. Los científicos todavía trabajan en laboratorios que más bien parecen sacados de una postal de la época en la que Edison inventaba sus mejores artefactos. También vemos asesinos raros y bribones en el hospital psiquiátrico conviviendo con enfermos pacíficos, y algunas peleas muy sangrientas. Lo más increíble es que la mujer psiquiatra comienza a creer todo lo que el destartalado Cole le cuenta, especialmente cuando algunas de sus predicciones se materializan.

La película no es, sin embargo, una película de miedo, ni de acción, ni de ciencia-ficción. Casi todo el interés radica en el personaje de Cole, en ocasiones simple, desconcertado, malamente informado, exhausto, y pensando siempre en cómo traicionar a sus carceleros del futuro. Nada es como él se imaginaba cuando vivía en su mundo.

La esencia de "12 monos", si tratamos de simplificar las cosas, involucra una paradoja del viaje en el tiempo, lo mismo que la mayoría de las películas sobre máquinas del tiempo nos han mostrado ya. La diferencia con este filme de Gilliam, es que los actores, y sus artesanos, crean un universo que se muestra plenamente durante los 130 minutos de la película. Hay relativamente pocas escenas en la película que se parezcan a otra de ficción, por lo que la originalidad está servida.

Brad Pitt seguro que no entusiasmó a sus admiradoras con su papel de demente, tan feo y desquiciado, pero está sumamente correcto mostrándonos su paranoia y miedo, aunque nos da la impresión de que no acaba de encajar. Los otros personajes que pululan por este mundo del futuro subterráneo, especialmente los conspiradores que giran alrededor del veterano Plummer, no tienen ningún parecido con las estupendas historias de H.G. Welles.

VIENTO EN LOS SAUCES
THE WIND IN THE WILLOWS (1996)
87 minutos

Director: Terry Jones
Guión: Kenneth Terry
Música: John Du Prez, Dave Howman, Terry Jones

Intérpretes:
STEVE COOGAN: Topo
ERIC IDLE: Rata
TERRY JONES: Sapo
JOHN CLEESE: Mr. Toad's Lawyer
MICHAEL PALIN: Sun

Actualización de la historia de 1908, escrita por Kenneth Grahames, que narra la historia de un topo quien, a pesar de venirse abajo su hogar por un temblor de tierra, consigue salir, aunque algo aturdido, y se dirige al encuentro del señor Ratón. Juntos navegarán río abajo en busca del señor Sapo.

Ya tenemos de nuevo reunidos a casi todo el grupo de los Python, en un filme retitulado en 1999 como Mr. *Toad's Wild Ride*, quizá para

Capítulo IV

captar algo de audiencia infantil. Por eso, si usted es un nostálgico del grupo o tiene menos de 10 años, seguro que le gustará mucho. Pero si se encuentra entre los 20 y más años, y eso de los Python no le suena a nada conocido, se volverá muy severo con el filme. Y es que el resultado es híbrido, demasiado ácido para los muy jóvenes, y demasiado infantil para los mayores que esperan un producto más alocado y cruel.

Los actores hacen su papel con suma cortesía, especialmente Jones como el efusivo e imparable Sr. Sapo; Idle como la Rata; Steve Coogan como el tímido Topo y Nicol Williamson como el Tejón.

Cuando fue escrito en los años 90, "The Wind in the Willows" era un libro adecuado para los niños por su intenso valor simbólico. Cada animal representaba una clase socio-económica diferente en la sociedad inglesa y la historia nos alertaba sobre la tecnología y una nueva filosofía llamada consumismo.

La versión de la película mantiene indudablemente los principios del libro, mostrándonos a un sumamente rico Sr. Sapo que gasta todo sus ganancias heredadas en lograr un medio de transporte más rápido, chillando con deleite ante la velocidad y disfrutando como un toxicómano cada vez que choca con su vehículo y tiene que esperar por uno nuevo. Las Comadrejas, por supuesto, solamente están interesadas en robar y divertirse, construyendo una fábrica que elaborará comida para perros con la carne de los tejones y los conejos. La Rata, amiga del Sapo, descubrirá el plan cuando las comadrejas destruyen la casa que había vendido el Sapo.

Sí, lo sé, el argumento parece ridículo, pero no lo es. Jones ha cambiado sutilmente la historia, con las carreras de coches y las explosiones y las grandes máquinas industriales que cubren el horizonte y provocan mucho ruido. La ventaja que tuvo Jones es que la historia es ya de dominio público, sin derechos de autor, y por eso la cambió a su gusto sin que nadie pudiera protestar, acercándola sustancialmente a las primeras películas de los Monty Python, incorporando números musicales que se parecen mucho a los de *La vida de Brian*. Con todo ello, la historia es elegante, aunque no lo bastante para lograr nuevos admiradores, si acaso, que no protestemos los de siempre. Las abundantes canciones no han sido bien aprovechadas en la versión española, pues no todas han sido dobladas y algunas ni siquiera están subtituladas. Interesará a los incondicionales de Terry Jones y su sentido del humor.

CRIATURAS FEROCES
FIERCE CREATURES (1997)

Director: Fred Schepisi, Robert Young
Guión: John Cleese, Iain Johnstone, William Goldman

Intérpretes:
JOHN CLEESE: Rollo Lee
JAIME LEE CURTIS: Willa Weston
KEVIN KLINE: Vince McCain/Rod McCain
ROBERT LINDSAY: Sidney
MICHAEL PALIN: Adrian Malone

La historia comienza cuando el sagaz hombre de negocios Rod McCain, adquiere el zoológico británico Marwood, un lugar al borde de la bancarrota. Decidido a que el pintoresco y pequeño zoo se convierta en una atracción que le llene los bolsillos de dinero, McCain envía a su ejecutiva de marketing, la guapa y sexy Willa y a su hijo Vince, a poner todo en su sitio. Pero al llegar, descubren que el director de Marwood, Rollo, ya tiene un plan descabellado para lograr que el público acuda: en lugar de animalitos afables y simpáticos, el zoológico ahora sólo exhibirá criaturas feroces.

Vince pronto se dedica a robar los fondos del parque zoológico, y cuando su padre lo averigua, intenta convertir el parque zoológico en un campo de golf para japoneses ricos. Entretanto, Willa ha comenzado a amar el lugar y a sus animales, e intenta preservar el parque zoológico.

Después del éxito de *Un pez llamado Wanda,* el veterano John Cleese escribió esta comedia con el propósito de reunir al equipo del anterior filme, y con ellos revivir el triunfo anterior. Pero las situaciones cómicas son muy escasas, hay demasiada bufonada, y la comedia se torna confusa, hasta el punto que no sabemos si reírnos o sentir pena por los animalitos y sus defensores. No obstante, y a pesar de que no consigue ser tan certera y jovial como *Wanda* (el listón era muy alto), entre Cleese y Curtis nos alegran lo suficiente la velada como para que disfrutemos con ella, siempre y cuando no nos obliguen a verla de nuevo. Con una, tuvimos suficiente.

FORASTEROS EN NUEVA YORK
THE OUT-OF-TOWNERS (1999)
92 minutos

Director: Sam Weisman
Guión: Marc Lawrence
Fotografía: John Bailey
Música: Marc Shaiman

Intérpretes
STEVE MARTIN: Henry
GOLDIE HAWN: Nancy
MARK MCKINNEY: Greg
JOHN CLEESE: Mersault

Qué obsesión de los estudios por repetir grandes éxitos que resultan difíciles de mejorar. Desde que Jack Lemmon y Sandy Dennis se perdieron entre *Los encantos de la gran ciudad* allá por los años 70s, en una maravillosa película de Arthur Hiller, hasta hoy, nadie había sentido la necesidad de traernos de nuevo a un par de paletos a la ciudad de los rascacielos. Bueno, también lo hicieron Paco Martínez Soria en

1965 y hasta Cocodrilo Dundee en 1986, pero ninguno intentó superar a nadie anterior; su estilo era diferente.

La historia actual es sencilla y nos muestran a Henry Clark cuando acaba de perder su empleo como ejecutivo en una empresa de publicidad de Ohio. Su orgullo está tan dolido que le oculta el hecho a su mujer, pues está seguro que encontrará de nuevo empleo en Nueva York, donde dice tener una entrevista concertada. Nancy, su esposa, decide a su pesar acompañarle a Nueva York, sin ser consciente de que allí nadie les espera, salvo el infortunio. La película está dirigida por Sam Weisman, e indudablemente intenta ir a la sombra de "Los encantos de la gran ciudad", pero ya sabemos que las sombras solamente pueden existir al amparo de algo sólido, y a pesar de estar inspirada de nuevo en la novela de Neil Simon, no logra ninguno de los encantos anteriores. Tanto Steve Martin como Goldie Hawn (que ya habían formado pareja en "Esposa por sorpresa") son dos buenos cómicos que se mueven con soltura en la comedia, y si están acompañados por John Cleese, que interpreta al director de un hotel, el elenco de actores debería ser suficiente para conseguir buenos resultados. Como detalles, en el filme tuvo un pequeño papel el verdadero alcalde de Nueva York de entonces, Rudy Giuliani y el propio hijo de Goldie Hawn, Oliver Hudson. En resumen, para una tarde de domingo en casa, con una jarra de cerveza y suficientes palomitas, la película es agradable, especialmente si tenemos alguien a nuestro lado que merezca la pena abrazar.

LOST IN MANCHA (2002)
93 minutos

>Director: Terry Gilliam
>Guión: Tony Grisoni
>Fotografía: Nicola Pecorini
>Música: Alberto Iglesias

Intérpretes:
>JEAN ROCHEFORT: Don Quijote
>JOHNNY DEEP: Tobby Grosini
>VANESA PARADIS: Altisidora
>ROSSY DE PALMA: Mujer del ventero

Capítulo IV

Que Terry Gilliam es un director especial y único lo demuestran sus películas, pero en este caso ni siquiera se trata de eso, pues nos encontramos con un documental sobre un filme propio inacabado. Puesto que su gran sueño de realizar *El hombre que mató a Don Quijote* no se pudo finalizar por cuestiones presupuestarias, tuvo que compensar su frustración efectuando este documental sobre el accidentado rodaje.

El argumento original nos hablaba de Toby Grosini, un norteamericano que en algún momento de la segunda mitad del siglo XX trabajaba como publicista en una influyente empresa. Su talento le proporcionaba un buen sueldo y gran prestigio social, aunque todo a base de vender mentiras y exagerar las virtudes de sus anunciantes. Mujeriego empedernido mantiene un romance con la mujer de su jefe, hasta que un día es sorprendido en plena faena amorosa y debe marcharse lejos, pero incomprensiblemente realiza un viaje en el tiempo hasta la época de Cervantes. La búsqueda de la llave que le devolverá a su tiempo le obliga a realizar una cura de humildad.

MONTY PYTHON'S SPAMALOT (2005)

Guión: Eric Idle
Música y letra: John Du Prez y Eric Idle
Director: Mike Nichols

Intérpretes:
DAVID HYDE PIERCE
TIM CURRY
HANK AZARIA

Capítulo IV

Estrenada el 21 de diciembre de 2004, en el Shubert Theatre de Chicago, antes de su estreno en Broadway, cuando el fenómeno Monty Python comenzaba de nuevo a resurgir por la puesta a la venta en DVD de todas sus películas y series televisivas, este musical se convirtió pronto en un éxito en todos los países donde se mostró.

David Hyde Pierce, Tim Curry y Hank Azaria, son los principales protagonistas de esta obra basada en el filme *Monty Python and the Holy Grail,* con una duración de 2 horas y 20 minutos, y 25 canciones en total, 3 de ellas extraídas del filme original.

Dirigida por Mike Nichols, *Spamalot* está basada en el libro de Eric Idle, basado a su vez en el guión de los Monty Python en pleno (incluido Graham Chapman), con una escenificación completamente nueva que ofrece música y letra de Eric Idle y John Du Prez, junto con tres canciones de la película de 1975.

Spamalot ha ganado ya un premio Emmy para David Hyde Pierce (Sir Robin, más conocido por el serial "Frasier"); dos nominaciones al premio Tony para Tim Curry (Rey Arturo, que alcanzó fama internacional con "The Rocky Horror Picture Show"); y Hank Azaria (Sir Lancelot), ganador de un Emmy por "Los Simpsons".

Producida y financiada por la Ostar Boyett Productions, nos cuenta la legendaria historia del Rey Arturo y los Caballeros de la Mesa Redonda, y su búsqueda del Santo Grial, el cáliz que bebió Jesús en la última cena y el cual se dice contenía su propia sangre.

La pregunta de los aficionados es si nos encontramos con una obra de los Python o, simplemente, con un musical cómico de Eric Idle. El guión parece similar, pero los actores son diferentes y ninguno de ellos se asemeja a quien esperábamos ver. Indudablemente han pasado muchos años de la película en la cual está inspirada y poner a algunos de los actores originales hubiera parecido más bien las aventuras de los ancianos de un asilo, lo que indudablemente no aportaría mucho mérito. Así que es como ver una película de Bruce Lee con un actor imitándole.

El director Mike Nichols y la compañía intentan aportar los mismos chistes e incluso actualizarlos a nuestra época, y en ocasiones creemos que lo consiguen, pero no siempre. La mayoría de los sketches originales de la película se recrean aquí, con la excepción de Sir Bedevere/Witch, mientras que Sir Galahad sale brevemente con Lady Lake en lugar de con la bandada de ninfas que intentan seducirlo en la película.

Hay lujosos y atractivos números musicales, con guapas chicas y buenos bailarines, así como logrados efectos especiales, sin olvidar la voz de John Cleese en el papel de Dios, grabada con anterioridad.

Nominada a 14 candidaturas al premio Tony en la 59 edición, ha conseguido el premio al Mejor Musical, Mejor director y Mejor Actriz Secundaria. Durante la ceremonia, la intérprete de la Dama del Lago demostró sus dotes de actuación y vocales, que le han valido elogiosos comentarios de los críticos teatrales, al interpretar uno de los números del musical.

GIN & TONIC
(2005)
(En producción al cierre de la edición de este libro)

>Director: David Eric Brenner
>Guión: David Eric Brenner, Jim Yoakum
>Basada en la obra: "La vida del fundador de los Monty Python, Graham Chapman"

El filme utiliza numerosos escritos desconocidos de Chapman, así como algunos guiones que proceden de la época en la cual estudiaba medicina en la Cambridge University. También describe los primeros años con los Monty Python, sus forcejeos con el alcohol, sus inclina-

ciones homosexuales, sus hazañas con John Cleese, Keith Moon, Harry Nilsson, Ringo Starr, y su muerte intempestiva a los 48 años, víctima de un cáncer.

Inicialmente será Jim Yoakum quien encarne a Graham Chapman y parece ser que algunos miembros del grupo están interesados en aportar datos fidedignos para lograr una buena biografía. La productora independiente Hippofilms, una compañía radicada en Los Angeles, anunció el comienzo del rodaje en marzo de 2005. Según el director David Brenner, Graham Chapman podría ser considerado como uno de los chiflados más importantes de su generación, lo que parece ser un cumplido, aunque no sabemos qué opinarán sus amigos y familiares.

La película mostrará a Chapman en algunas de sus primeras actuaciones con John Cleese, especialmente en la Cambridge University, lugar donde intentó destacar como guionista, cómico y, por supuesto, médico.

"La mayoría de las personas no saben apenas nada de Graham y su locura, ni mucho menos de los conflictos que tenía entre bastidores, y eso es lo que la película va a mostrar –dijo Brenner-. Lo hará a través de sus primeras actuaciones realizadas sin éxito con John Cleese en el *Cambridge Circus*, mientras que escribían para la BBC. Pero, también mostrará los problemas que tenía con la bebida y su descubrimiento de la homosexualidad".

Brenner dijo que el mayor problema del filme fue encontrar a los actores que debían encarnar la juventud de los seis Monty Python: Graham Chapman, Cleese, Eric Idle, Michael Palin, Terry Jones y Terry Gilliam.

"Nosotros no hemos buscado ninguna réplica exacta de los Python -dijo Brenner-. Nuestro interés se centró en conseguir buenos cómicos, más que clones de los originales, aunque cierto parecido no nos vino mal. Queremos relanzar la imagen de los Python a nivel mundial y por ello nuestra meta no consistió solamente en encontrar los seis actores que reunieran las características físicas del grupo, sino mostrar a seis personas que aportasen el brillo y la locura que les caracterizaba".

Las audiciones ocasionaron una afluencia superior a la deseada, con cierto fanatismo en los aspirantes. Mientras permanecían fuera de la sala del casting, los actores locales y los entusiastas efectuaban toda clase de gestos y monólogos, en un intento de mostrar que eran únicos.

"Aunque la historia gira en torno a Chapman, indudablemente mostraremos una visión óptima del grupo, tanto en el aspecto humano como en su faceta de cómicos. No puedo adelantar mucho de la película, pero les aseguro que el público puede esperar lo inesperado, sino no sería una historia basada en los Monty Python".

CAPÍTULO IV

EL SECRETO DE LOS HERMANOS GRIMM
THE BROTHERS GRIMM (2005)

Guión: Ehren Kruger
Música: Dario Marianelli
Fotografía: Newton Thomas Rigel
Vestuario: Gabriella Pescucci y Carlo Poggioli

Intérpretes:
MATT DAMON: Will Grimm
HEATH LEDGER: Jake Grimm
PETER STORMARE: Cavaldi
LENA HEADEY: Angelika
JONATHAN PRYCE: Delatombe
MONICA BELLUCCI: Reina Mirror

El aclamado director Terry Gilliam nos relata una presunta época de los populares hermanos Grimm, legendarios escritores de cuentos infantiles tan populares como "La Cenicienta" y "Caperucita roja", este último recreado someramente en algunas escenas. Ahora los dos hermanos viajan sorteando a los soldados franceses para conseguir embaucar a los ignorantes aldeanos, tratándoles de convencer de que son capaces de derrotar a los monstruos y demonios que asolan el lugar. Pero los soldados no son tan ignorantes y deciden quitarles del medio, aunque antes deben adentrarse en un sombrío bosque en el cual han desaparecido nada menos que trece jovencitas.

El resultado es un filme tenebroso y en ocasiones terrorífico, poco apto para los niños, pues las escenas son crudas y la magia de los cuentos no aparece por ningún lado. Aunque hay brujas no hay hada madrina, y los malos no se tienen que enfrentar con ningún príncipe, consiguiéndose un resultado interesante y entretenido, pero difícil de enclavar en un género concreto.

Extraordinaria la ambientación y los decorados, así como los personajes anexos a los hermanos Grimm, demostrándonos una vez más que Terry Gilliam es un maestro en el arte de proporcionar sorpresas. No hay un solo detalle descuidado, mucho menos los diálogos, y aunque echamos de menos la sorna característica del grupo Monty Phyton, hemos disfrutado grandemente.

TIDELAND
(2005)
122 minutos

Director: Terry Gilliam
Guión: Tony Grisoni y Terry Gilliam
Basado en la novela de Mitch Cullin
Música: Mychael Danna y Jeff Danna
Fotografía: Nicola Pecorini

Intérpretes:
JODELLE FERLAND: Jeliza-Rose
JANET MCTEER: Dell
BRENDAN FLETCHER: Dickens
JENNIFER TILLY: Gunhilda
JEFF BRIDGES: Noah

Gilliam pretende, según sus propias palabras, aislar al espectador con esta película y ciertamente lo consigue con esta historia tenebrosa y cruel, rodeada de una atmósfera que roza la pesadilla. Cada uno de los personajes es egoísta y malvado, habitando todos en un mundo de fantasía del que son más victimas que dueños y donde los otros difícilmente tienen cabida. Así, la película muestra a unos personajes que sobreviven en este mundo cruel gracias a la vía de escape que proporcionan sus ensoñaciones fantásticas, hurañas y egoístas. Por tanto, lo que se muestra en la película es una especie de reverso tenebroso de la fantasía como elemento evasivo de la realidad.

Con este filme nos acercamos al borde de lo que es aceptable ver en una película con niños o para niños, razón por la cual en el preestreno muchos espectadores abandonaron la sala de proyección. Gilliam les insultó por su desprecio, pero lo cierto es que la película nos deja un mal sabor al terminar y para muchos eso es un error, ya que el cine deba proporcionar solamente placer. ¿Por qué pagar por algo que nos hace sufrir?

Si usted es de los que no confían en los críticos (tal y como me ocurre a mí) vaya a verla, por lo menos disfrutará con la actuación de Jodelle Ferland, quien interpreta a Jeliza-Rose de 8 años de edad casi como una Alicia moderna, aunque *Tideland* es un lugar mucho más aterrador que el País de las Maravillas.

¿Es una buena película o mala? Nos resulta difícil ser duros con este genial director y por eso le emplazamos que la vea para no equivocarnos por ser poco objetivos. Una cosa le garantizamos: no se aburrirá.

Con un presupuesto de quince millones de dólares, *Tideland* es la adaptación de una novela de Mitch Cullin, obra que según el propio Terry Gilliam, "es un libro maravilloso, mágico, y yo he realizado una versión honesta y verídica".

Capítulo V
Miscelanea

CAPÍTULO V

RESUMEN ARTÍSTICO

Televisión

Monty Python's Flying Circus (1969-1974)
El show que comenzó el fenómeno de los Python.

Monty Python's Fliegender Zirkus (1972)
Dos especiales de 45 minutos realizados por WDR para la televisión de Alemania Oriental. El primero se grabó en alemán, mientras el segundo estaba en inglés con el doblaje alemán.

Películas

And Now For Something Completely Different (1971)
Una colección de bocetos re-filmados de la primera y segunda serie de *Monty Python's Flying Circus.*

Monty Python and the Holy Grail (1975)
El Rey Arturo y sus caballeros emprenden una búsqueda de bajo presupuesto para encontrar el Santo Grial, encontrándose con numerosos obstáculos cómicos por el camino. Algunos de estos sketches formaban parte de la serie de televisión.

Life of Brian (1979)
Brian nace en la primera Navidad, en el establo al lado de Jesús. Pronto se da cuenta que es confundido con el Mesías.

Monty Python Live at the Hollywood Bowl (1980)
Película documental sobre las actuaciones en directo en Hollywood Bowl.

The Meaning of Life (1983)
Un examen del significado de la vida en una serie de sketches sobre la concepción, la muerte y el más allá, siempre bajo la perspectiva de los Python.

Otros datos

Las chicas de Gilliam

El 17 de septiembre de 2004 se mostraron en la televisión bajo el nombre genérico de Double Jeopardy los episodios: *Monty Python, Bring Out Your Dead, Spam, Summarizing Proust, I'm A Lumberjack,* y *Knights Who Say "Ni"!*

Los Beatles eran fans de Los Monty Python. Ringo Starr hizo una aparición fugaz en *Flying Circus* en el episodio *Mr. & Mrs. Brian Norris' Ford Popular*, interpretándose a sí mismo. George Harrison, por su parte, además de la colaboración económica, también apareció como un leñador durante el sketch Lumberjack Song. La canción fue empleada varias veces al inicio de los conciertos de Harrison. Ambos músicos participaron posteriormente en varias películas de alguno de los miembros, una vez disuelto el grupo.

Una nueva especie de serpiente se descubrió en Australia en los años 80s a la cual denominaron como Monty Python, aunque el nombre real era Montypythonsidesriversleighensis, imposible de pronunciar.

El título *Monty Python's Flying Circus* no fue elegido por casualidad. Todo se fraguó en la BBC, cuando el director Michael Mills quiso que se incluyera la palabra *Circus*, porque la BBC se quería referir a los seis miembros que vagabundean por el edificio como si fuera un circo. El grupo agregó la palabra *Flying* para hacerlo parecer menos un circo real y algo más como si fuera la Primera Guerra Mundial. La frase Monty Python's fue agregada porque ellos exigieron que se mencionara su procedencia teatral.

NOTICIAS

Especial con John Cleese

El clásico "How to Irritate People", está disponible en DVD

John Cleese fue el invitado de honor en tres eventos a beneficio de Bay Area de California, con el objetivo de recaudar fondos para uno de los centros educativos favoritos de John, The Esalen Institut.

Cada tarde, John Cleese fue entrevistado por el periodista del periódico local de San Francisco y el locutor Michael Krasny de la emisora de radio KQED, mientras que David Kipen, de la San Francisco Chronicle, hacía los honores en el Teatro Spangenberg. Todas las noches, además, Cleese ofreció algunos fragmentos de los momentos más memorables de sus actuaciones en televisión, así como escenas claves de sus películas, incluyendo *Monty Python's Flying Circus, Fawlty Towers, Un pez llamado Wanda, La vida de Brian* y *The Human Face*. El público, que pagó entre 30 y 150 dólares, pudo efectuar también preguntas y establecer un coloquio entre todos.

Reconocimiento

El magazín masculino "Maxim" publicó un extenso artículo con las 50 mejores escenas del cine cómico mundial, entre ellas las pertenecientes a los filmes "Aeropuerto", "Teléfono rojo ¿volamos hacia

Moscú?", "La extraña pareja" y "Sillas de montar calientes", mientras que de los Monty Python se seleccionó en primer lugar la escena del restaurante de "El sentido de la vida".

Originalmente no se había incluido ninguna escena de los Python, pero numerosos críticos y aficionados respondieron airadamente a esta exclusión. En el reciente libro autobiográfico sobre los Python, Michael Palin dice: "La escena del restaurante, a mi entender, es uno de los mejores gags que hemos realizado, siendo una extravagancia gótica inédita hasta entonces".

Los fans de los Python estarán interesados en saber que entre los mejores momentos cómicos estaban las siguientes escenas:

Los caballeros de la Mesa Cuadrada. Con John Cleese como el francés rudo que grita insultos muy creativos al Rey Arturo.

La vida de Brian. La canción "Always Look on the Bright Side of Life", cantada por los Python durante la crucifixión.

South Park: Bigger Longer & Uncut ("Tío Fucka"). Una canción indecente y un número de baile ofrecido por Eric Idle.

Un pez llamado Wanda ("Kevin Kline va por Sushi"). La escena en la cual John Cleese filma a Kline engullendo al animal doméstico favorito de Michael Palin.

Sobre la posibilidad de poder reunirse de nuevo, John Cleese dijo que, "Una gran parte del éxito de los Python era la energía, y no estoy seguro si nosotros podríamos generar ahora la suficiente durante dos horas."

VIDEOJUEGO

Puesto que los videojuegos basados en las películas de acción están causando furor, Electronic Arts ha sacado a la venta uno basado en los filmes de James Bond con el título de "Everything or Nothing". El juego ofrece las voces reales de los personajes del filme, (incluso la de John Cleese en el papel de Q), además de una historia escrita por Bruce Feirstein, y una música obra del compositor galardonado con un Emmy, Sean Callery.

El juego ha llevado dos años de trabajo, superiores incluso a muchas películas de Hollywood. Además de Pierce Brosnan, Judi Dench, y John Cleese en sus papeles originales, "Todo o Nada" también incluye las voces de Willem Dafoe, Heidi Klum, Shannon Elizabeth, Mya (quién también canta la canción del inicio,) Richard

Kiel ("Jaws" en alguna de las primeras películas de 007), y la modelo japonesa Misako Ito.

"Desde que se estrenó la última película sobre James Bond -dijo Joël Wade, productor de Electronic Arts-, quisimos pasar por la experiencia de hacer un buen juego. Esto fue posible gracias a la estupenda historia original escrita por Bruce Feirstein (quién también escribió los guiones de 'GoldenEye', 'El mañana nunca muere' y 'El mundo nunca es suficiente")."

Para Cleese todo ha sido muy divertido: "Mi personaje es un hombre muy cómico y también increíblemente inteligente. Siempre me he preguntado cómo podría ser encantador, cómico e inteligente al mismo tiempo. Casi igual que yo".

Cleese también ayudó en el estudio de sonido con unas sugerencias. "Claro –aseguró Wade-, él sabía más sobre su personaje que nosotros mismos, y siempre estaba dispuesto a corregirnos y verificar que todo fuera correcto, por supuesto desde un punto de vista británico. Nuestro trabajo coincidió con su cumpleaños, así que nos invitó a champán después de asegurarse que pagaríamos nosotros".

DIARIO DE ERIC IDLE

Eric Idle publicó un libro en febrero de 2005 en el cual describe sus viajes y fatigas durante el último año, coincidiendo con el debut en Broadway de *Spamalot*.

El diario, según sus fans, era compartido todos los días de otoño por alguno de sus compañeros, e incluía material clásico de los Python así como nuevas canciones y gags, lo mismo que toneladas de reminiscencias personales y anécdotas cómicas.

"Realmente me he sentido como si usurpara el territorio personal de Palin al escribir un diario de viaje basado en ellos -dijo Eric-, aunque también debo reconocer que la vida de todos los Python ha estado ya en numerosos escritos y documentales. Así que este libro puede considerarse como cosa de los Pithon."

He aquí una parte del libro:

Conversación con mi amigo Danny, el fabricante de guitarras.
-Estoy pensando de nuevo en volver, pero el problema es que cuesta tanto realizar un espectáculo que es muy difícil ganar dinero.
-Deberías hacer una Greedy Bastard Tour -respondió Danny.
-¿Una qué?

-Una Greedy Bastard Tour. Es un término de la música rock.
-¿Sí? Pero eso suena muy mal.
-Realmente consiste en realizar primero una gira muy compleja, con muchas personas y decorados, con toneladas de autobuses y mucha iluminación y pirotecnia. Así, la próxima vez que salgas de gira lo que realmente debes hacer es una Greedy Bastard Tour, sin apenas dinero ni personas. Algo muy cutre, pero que dispone ya de la publicidad anterior.
-Así que este es el título: Greedy Bastard Tour. ¿Pero, y si el público no entiende la ironía…?
-Nada más comenzar se les dice: "Buenas tardes señoras y señores, bienvenidos a la Greedy Bastard Tour. Yo soy su bastardo preferido". Seguro que aplauden en lugar de silbar.

Ranking de cómicos

John Cleese figura en la lista de los mejores cómicos británicos, considerándosele como un actor sin precedentes e incluso se le votó para ser denominado como el Rey de la Comedia. En una votación dirigida por la compañía McCain, Cleese consiguió el puesto número cinco después de Tommy Cooper, (quien consiguió el primer puesto), Eric Morecambe, Peter Sellers, y Benny Hill. De todos ellos, solamente sigue vivo Cleese.

Jane White, de McCain, dijo: "Quisimos encontrar al que consideramos como el Rey Británico sin precedentes de la comedia y también buscamos una posible reina, pero los varones dominaban claramente la lista y eso no es culpa nuestra. Parece ser que a las mujeres no les gusta que se rían de ellas, o con ellas.

La votación realizada por 4.400 personas y dirigida por McCain, era para promocionar Red Nose Day, una asociación que quiere luchar contra la pobreza en el mundo. Se suele realizar cada dos años con la ayuda de Comic Relief, y culmina con una noche de comedia extraordinaria, y varias películas y documentales. Es el evento de recaudación de fondos de la televisión más importante en el calendario del Reino Unido.

Estos son los cómicos:
1) Tommy Cooper
2) Eric Morecambe

3) Peter Sellers
4) Benny Hill
5) *John Cleese*
6) Spike Milligan
7) Leonard Rossiter
8) Sid James
9) Tony Hancock
10) Peter Cook
11) Ken Dodd
12) Kenneth Williams
13) Ricky Gervais
14) Norman Wisdom
15) Vic Reeves
16) Peter Kay
17) Rowan Atkinson
18) Billy Connolly
19) Dawn French
20) Eddie Izzard

Para los lectores que no conozcan a la mayoría de estos cómicos, les diremos que el premiado Tommy Cooper fue un cómico británico fallecido en 1984 (cuando estaba actuando en directo en televisión ante millones de espectadores), quién triunfó mezclando el humor con la magia. Sin embargo, fue acusado varias veces de comprar chistes de cómicos desconocidos y utilizarlos como propios.

Otra lista, en esta ocasión compuesta por 300 cómicos, escritores y directores de Gran Bretaña y Estados Unidos, publicada el 2 de enero de 2005, otorgó la siguiente clasificación:
1) Peter Cook
2) *John Cleese*
3) Woody Allen
4) Eric Morecambe
5) Groucho Marx
6) Tommy Cooper
7) Laurel y Hardy
8) Billy Connolly
9) Vic Reeves
10) Bob Mortimer
11) Richard Pryor

12) Chris Morris
13) Tony Hancock
14) Bill Hicks
15) Peter Sellers
16) Steve Martin
17) Steve Coogan
18) Charlie Chaplin
19) Eddie Izzard
20) Paul Merton
21) Peter Kay
22) Rowan Atkinson
23) Victoria Woods

Peter Cook, nacido en Inglaterra en 1937 y muerto en 1995, alcanzó gran fama como escritor, actor y productor, siendo su último trabajo en televisión "Peter Cook Talks Golf Balls" en 1994, mientras que en el cine fue "Black Beauty", también el mismo año. "Al diablo con el diablo" (2000) y "Gran bola de fuego" (1989), fueron otros de sus filmes.

LA INCOMPLETA HISTORIA DE LOS MONTY PYTHON

El Museo de la Televisión y la Radio, sito en Nueva York y Los Angeles, presentó La Historia Incompleta de los Monty Python, una serie de trailers y escenas de sus filmes que fueron mostrados en Nueva York y Los Angeles en 2005.

La serie empezó en abril para celebrar el estreno de *Spamalot* en Broadway y contaba con cinco actos, ofreciendo algunos de los mejores episodios de *Flying Circus,* así como diverso material realizado por los miembros del equipo antes y después de la serie.

Estos fueron los elegidos:
Sexo y violencia
Material raramente visto de la etapa pre-Python que incluye a John Cleese en *Frost Over England* (1967); el estreno de la serie infantil *Do Not Adjust Your Set* (1968), así como diversos trabajos de Eric Idle, Terry Jones, y Michael Palin; y escenas de Cleese y Graham Chapman en *At Last the 1948 Show* (1967). Además, fueron incluidos los dos primeros episodios de *Monty Python's Flying Circus,* el segundo de ellos que ofrece el notorio "chiste del asesino".

Desnudo frontal completo
Son los tres episodios de los Python más destacados, "Las abuelitas del infierno," "El loro muerto," y Michael Palin como "A.T. Hun." También incluye chistes de John Cleese y Graham Chapman en el "Ed Sullivan Show" (1964), un sketch de *At Last the 1948 Show* (1967), y la visita de Palin a "The Tonight Show" (1989), durante la cual habló sobre el sketch del loro, reinterpretado por Cleese para recordar al fallecido Chapman.

Spam
Uno de los episodios mejor recordados de los Python, el cual se desarrolla en un restaurante. También incluyó unas escenas de *At Last the 1948 Show* (1967); una aparición de 1989 en "The Tonight Show" con Michael Palin; y la segunda de las producciones alemanas del equipo, *Monty Python Blodeln für Deutschland* (1972).

El auténtico Episodio Trece
El "Exploding Blue Danube" pertenece al episodio Trece, mientras que el "Fish-Slapping Dance" es uno de los momentos culminantes de "Mr. & Mrs. Brian Norris". También se incluyó "Scott del Antarctic/Sahara," a John Cleese charlando en "Late Night" con David Letterman (1983), y a Eric Idle como el Príncipe Carlos en "Saturday Nigth Live" (1979).

Idle Pleasures
Inmediatamente después de los Python, Eric Idle desarrolló su propia serie, *Rutland Weekend Televisión* (1975), supuestamente transmitida por la cadena de televisión británica más pequeña, en colaboración con Neil Innes, creador del documental falso sobre los Beatles "The Rutles: Todo lo que usted necesita es dinero en efectivo" (1978).

Reconocimiento

Terry Jones soportó temperaturas heladas y una ventisca para asistir a una ceremonia que iba a incluir a *Monty Python's Flying Circus* en el "Rose D'or Hall of Fame".

El honor es parte de la tradición de la fiesta para reconocer organizaciones, individuos o shows que han contribuido decisivamente a la industria del espectáculo. *Monty Python's Flying Circus* ganó el Rose d'Or Award en 1971 y recibió el Honorary Rose d'Or en 1995. "Es un placer dar la bienvenida a Terry Jones en este festival, como uno de los genios que nos proporcionaron grandes obras" -dijo Georges Luks en una declaración.

La ceremonia se realizó en una cueva de hielo situada a 10.000 pies sobre el nivel del mar en la Montaña Titlis, cerca de Lucerna, Suiza. Hall comenzó hace unos años como un tributo permanente a los mejores profesionales del espectáculo, grabándose los premios con los nombres de los ganadores en una escultura estilizada alojada en la cueva del glaciar que actualmente atrae a 600.000 visitantes por año.

Después de la ceremonia, Terry Jones posó para los fotógrafos y tuvo tiempo de compartir algunas anécdotas con la prensa, sorprendiendo a los medios de comunicación. Una de sus anécdotas involucró el hecho de que a los ejecutivos de la BBC no les gustó inicialmente *Monty Python's Flying Circus*, y que tenían el hábito de tirar las grabaciones antiguas para hacer sitio en sus archivos. "Nuestros shows fueron tirados casi todos -dijo Terry-, aunque afortunadamente yo los cogí y los saqué de la BBC antes de que borrasen las cintas. Después las copié en un vídeo Phillips VCR, el único video disponible entonces. Durante mucho tiempo pensé que las copias en mi sótano serían la única evidencia de nuestro show. Ellos no eran conscientes de que ese material sería, con el paso de los años, un tesoro artístico y económico, especialmente desde que salió el DVD".

Capítulo VI
Frases históricas

Capítulo VI

Advertencia para el lector:

Puesto que los Monty Python fueron unos cómicos que mezclaron hábilmente el impacto visual con los gags, hemos creído conveniente no describir literariamente sus sketches, ya que de hacerlo así solamente los hubieran comprendido quienes hubieran visto sus películas. Por eso y tratando de ser sinceros, les advertimos que algunas frases han tenido que ser modificadas en pro de un mejor entendimiento.

DIÁLOGO ENTRE EL PAPA Y EL PINTOR MIGUEL ÁNGEL

-Buenas noches, Santidad
-Buenas noches, Miguel Ángel. Quiero hablar de ese cuadro tuyo, la Última Cena.
-Ah, sí.
-No estoy contento con él.
-Vaya, me llevó horas pintarlo.
-Nada contento.
-¿Es el amarillo lo que no le gusta?
-No.
-Oh, creo que le da un poco de color, ¿no? Ya sé, no le gusta el canguro.
-¿Qué canguro?
-No importa, lo cambiaré.
-No he visto ningún canguro.
-Está detrás. Lo cambiaré y lo convertiré en un discípulo.
-Bien.
-¿Qué?
-Ese es el problema.
-No entiendo.
-Me refiero a los discípulos.
-¿Demasiados judíos? Si se fija, he hecho a Judas el más judío.
-No, es que hay 28 discípulos.
-Uno más no importará. Convertiré al canguro en otro.
-No, no se trata de eso.
-Bien, si no le gusta el canguro me desharé de él. Sinceramente, no estaba contento con él.
-No es el canguro. Hay 28 discípulos.
-¿Demasiados?
-¡Claro que son demasiados!

-Lo sé, pero quería dar la impresión de una última cena auténtica. No una cena cualquiera, ni siquiera una última comida o un refrigerio. Quería dar la impresión de una gran juerga.
-En la Última Cena sólo había 12 discípulos.
-Bueno, quizá llegaron otros más tarde y nadie los tuvo en cuenta.
-Sólo había doce.
-Es posible que llegaran unos amigos. Jesús tenía muchos.
-¡Oye! Sólo había 12 discípulos en la Última Cena. La Biblia lo dice claramente.
-¿Ningún amigo?
-No.
-¿Ni camareros?
-No.
-¿Ni siquiera chicas?
-¡No!
-Pues a mi me gusta que haya muchos, aunque podría quitar algunos.
-¡Sólo había 12 discípulos!
-Entiendo. Entonces lo llamaremos la Penúltima Cena.
-¿Qué?
-Bueno, debió haber una penúltima. Si hubo una última, tuvo que haber una antes…así que esta es la Penúltima Cena. De todos modos, la Biblia no dice cuántas cenas hubo y seguro que hubo alguna más ¿no?
-No.
-¿No habían cenado hasta ese día?
-No es eso. La Última Cena fue un hecho significativo en la vida de Nuestro Señor. La penúltima no fue nada importante, aunque hubiera 28 discípulos, un canguro, un mago y un mariachi. Te encargué una Última Cena y quiero que sea la última. Con 12 discípulos y un Cristo.
-¿Sólo un Cristo?
-Sí, uno. ¿Quieres decirme en qué pensabas cuando pintaste a tres Cristos en el cuadro?
-Quería que no se sintiera solo y creo que la idea funciona.
-¿Funciona?
-Sí, queda perfecta. El Cristo gordito equilibra a los dos delgados.
-Sólo hubo un Redentor.
-Ya, ya lo sé, todos lo sabemos, pero he pretendido ser original. Usted debería haber buscado a un pintor menos creativo, yo soy el gran Miguel Ángel.

—¡Te diré lo que quiero! Quiero una última Cena con un sólo Cristo y 12 discípulos, sin canguros, sin chicas y sin camareros, o no cobras.
—¿Ni siquiera a María Magdalena sirviendo la mesa?
—¡Nooo!

La cerveza y el australiano

—Buenas noches, señoras y Bruces. ¡Hola, Bruce!
—Hola, Bruce.
—¿Cómo estás, Bruce?
—¿Quiénes son estos, Bruce?
—No lo sé ni me importa, pero es un placer estar con ellos.
—Debo presentarnos. Me llamo Bruce y somos profesores de la universidad de Woolamalvo, Australia. Yo enseño filosofía hegeliana, Bruce enseña filosofía aristotélica, y Bruce es el encargado de recoger las cacas de las ovejas y los canguros. Un trabajo muy difícil este último porque como debe hacerlo a saltos se le cae todo lo que acaba de recoger. Bruce, ¿por qué no sacas alguna bebida de la nevera para invitar al público?
—Eran para las ovejas...
—¿Y para los canguros nada?
—También.
—Pero si les invitas ahora puedes sentirte superior moralmente.
—Pero financieramente peor.
—Debemos hacerlo porque la cerveza americana es como hacer el amor en una barca.
—¿Hacer el amor en una canoa?
—No, en una barca.
—No entiendo.
—Mucho movimiento pero ningún éxtasis. (Dirigiéndose al público) Bien, puesto que todos ustedes parecen tontos y no entienden el chiste, intentaremos subir el tono intelectual para los dos o tres del público que puedan entenderlo. La historia es así: "Emmanuel Kant era un bebedor que generalmente estaba estable y su amigo Heidegger era un borrachín capaz de pasar debajo de una mesa. David Hume podía leer a Schopenhauer y Hegel, pero Wittgenstein le daba a la cerveza igual que Schlegel. Nietzsche nos enseña todo sobre empinar el codo, y el mismo Sócrates estaba permanentemente borracho. Platón presumía de beber un barril al día, Aristóteles iba loco detrás de cualquier botella, y René

Descartes era un borracho que afirmaba: 'Bebo, luego existo' ¿Os ha gustado? Si decís que sí indudablemente sois más tontos de lo que pensaba".

El matrimonio en el restaurante

-Hola querido, siento el retraso.
-Da igual, hace solamente dos horas que he llegado.
-¿Este es un buen restaurante, no?
-Creo que sí. Es que tiene 5 tenedores.
-Pero, solamente necesitamos 2, uno para cada uno.
-Me refería a la categoría.
-Entiendo, por eso es tan famoso. Poner 5 tenedores en la mesa no es habitual. Debe resultar carísimo.

(Llega el camarero)
-Buenas noches. Es un placer tenerle de nuevo, señor. Veo que su acompañante es mucho más guapa que la anterior.
-¿Qué dice?
-Me refería a que su chica es muy guapa.
-¡Esta es mi señora, y yo no he estado aquí en mi vida!
-Como quiera el señor, pero sigo pensando que es muy bella.
-En eso estamos de acuerdo. Pónganos dos bistec de buey con guarnición.
-Me permito recomendarles mejor Elefante a la Reina. Su salsa es una creación famosa del chef.
-Suena bien. Me parece estupendo. Por cierto, este tenedor está sucio, ¿me trae otro?
-¿Cómo dice?
-Que el tenedor está algo sucio, si no le importa...
-¡Oh, qué desazón! Le ofrezco mis excusas.
-Las acepto, pero siempre que me traiga otro tenedor.
-No sabe cuanto lo siento...
-Vale, vale, no tiene importancia. Ya sabe, el tenedor, por favor.
-No, no, debo disculparme antes.
-Ya lo ha hecho dos veces.
-Llamaré al maître inmediatamente.
-No, no hay necesidad. Solamente tráigame el tenedor.
-Es que seguramente querrá excusarse en persona. Voy a buscarle.

Capítulo VI

(Llega el maître)
-Perdón señor y señora. ¡Oh, qué mujer más guapa la suya!
-Eso ya me lo ha dicho el camarero, no hace falta que insista.
-Mis disculpas por el tenedor sucio. La culpa la tiene el servicio de lavandería. El camarero averiguará ahora mismo quién es el responsable. Les despediré a todos.
-Perdone, pero no queremos causar problemas a nadie. Solamente queremos otro tenedor, o mejor aún, ¿ve?, lo limpio con la servilleta y como nuevo.
-El mal está ya hecho. No queremos que nada interfiera en su comida.
-Pero si solamente se trata de un tenedor asquerosamente sucio y cochambroso. Nada más.
-Lo sé, pero hemos de aceptar que es un hecho que le afectará a este restaurante para siempre. A partir de ahora se referirá a nosotros como el restaurante del tenedor mugriento.
-No exagere. Tampoco es eso.
-¡Sí! Este tenedor es apestoso, obsceno y repugnante. Lo odio. ¡Lo odio!
-Ya lo veo.

(Aparece el dueño)
-Buenas noches, señores. Tiene usted una bella esposa.
-¿Otra vez?
-Es la primera vez que lo digo, señor. ¿Puedo sentarme al lado de su señora?
-Me temía que lo diría.
-Señora, le ofrezco humildemente mis disculpas. Desde este momento soy su más ferviente servidor.
-Gracias, pero no es para tanto. Se trata solamente de un tenedor sucio, y mi marido ya lo ha limpiado con la servilleta. ¿Ve?
-Reitero mis disculpas, pero me encuentro abrumado.
-Vamos, no se ponga así. Solamente es una mancha, casi invisible.
-¡Qué buenos son ustedes! Pero para mí, este tenedor es como un cuenco con pus, una basura. No hay excusa posible. Yo les aseguro que todos somos buenas personas, incluso el cocinero que tiene la sífilis y la señora ayudante de cocina con tuberculosis. Yo también estoy enfermo de gripe, pero ya estoy muy mejorado. Todo iba mejor hasta que llegaron ustedes y encontraron el tenedor. Esto es el final para nosotros.

(Aparece el cocinero blandiendo un enorme cuchillo)
-¡Bastardos!
-¿Se refiere a nosotros?
-¡Bastardos, canallas sin corazón! ¡Miren lo que han hecho! El director se ha sacrificado mucho por este restaurante y ustedes lo van a arruinar con sus quejas. No son dignos de besarles sus sucios pies.
-Seguro que no.
-¡Esto es el fin!
(El jefe se suicida)
-Cariño, vámonos de este restaurante. ¡Cómo se han puesto! Y eso que no les hablé del cuchillo mugriento y de que tú eres un travestí.

DEPARTAMENTO DE SOLUCIONES CIUDADANAS

-Buenos días. Perdone que le haya hecho esperar, pero mi andar es cada vez más tonto y tardo mucho en llegar a la oficina. Bien ¿qué quería?
-Bueno, yo también tengo un andar tonto y me gustaría obtener el apoyo del gobierno para desarrollarlo.
-¿Puedo ver su andar tonto?
-Por supuesto. Observe. ¿Ve? Siempre se me queda una pierna arriba cuando más la necesito. No soy muy listo, pero creo que ambas deberían ponerse de acuerdo. Ya sabe, una primero y otra después.
-¿Eso es todo?
-Sí, es todo.
-Usted no es especialmente tonto, aunque algo tiene. La pierna izquierda tampoco es tonta y veo que la derecha sólo hace una media vuelta aérea a pasos alternos.
-Veo que lo ha entendido y eso que usted también parece tonto.
-Gracias por su comprensión. Creo que con una ayuda federal podría quedarse definitivamente tonto, incluidas las piernas, por supuesto.
-El problema es la financiación.
-¡Exactamente! Debemos pedir dinero a Defensa, Educación, Vivienda, Sanidad y especialmente al Departamento de Andares Tontos. Todos deberán colaborar con usted, pero el año pasado el gobierno gastó menos en Andares Tontos que en Educación de los Políticos, así que...
-Me lo está poniendo muy pesimista.

-Es que necesitamos 348 millones al año para cubrir todo el programa de recuperación de andares tontos. ¿Café?
-Sí, por favor.
-Llamaré a mi secretaria la señorita Dos Terrones.
-¿Dos qué?
-Dos Terrones.
-Había entendido que la llamaba Señorita Dos Tetones.
-Obviamente no ha sido así. Señorita, ¿nos trae dos cafés?
-Sí, señor Bolsa de Té. ¿Los quiere con dos terrones?
-Por supuesto (Está loca de atar). Sobre su problema, señor de andares tontos, debo advertirle que los israelitas tienen a un hombre que se arranca una pierna y se la traga a pasos alternos. Y los japoneses están todos obsesos con la electrónica.
-Hay que ver...
-Sí. Está claro que a usted le interesan mucho los andares tontos de las mujeres guapas, ¿verdad?
-¡Oh, por supuesto!
-Pues ahora le daré una patada en la espinilla para que deje de venir a molestarme con tonterías.

LOS JUECES HOMOSEXUALES

-Hemos tenido una mañana terrible en el Supremo. Esos abogados me ponen de los nervios.
-Dímelo a mí, cariño.
-¿Otra vez?
-No, no hace falta que me lo expliques de nuevo.
-¿Entonces porqué has dicho "dímelo a mí, cariño"?
-Es una frase muy empleada. Quiere decir que...
-Sé lo que quiere decir.
-Vale. Cuéntame cómo ha sido la mañana en el Supremo.
-Pero solamente una vez. Se han pasado toda la mañana protestando. Protesto aquí, protesto allá...Y luego ese policía exponiendo tan perfectamente las pruebas.
-Pues tenía una voz preciosa.
-Y un cuerpo...
-Al cabo de de un rato mirándole sólo podía golpear con la maza.
-¿Qué dices, amor?
-Hablaba de darle a la maza.

-¡Oh, estupendo! Vamos a darle ahora.
-No entiendes. Decía que golpeé con la maza al mismo tiempo que dije: "Silencio en la sala".
-¡Uff, lo recuerdo! Si las miradas matasen, al fiscal le habrían caído treinta años por mirarte así, cariño. Le mandaste callar doce veces y eso que intervino solamente ocho.
-¿Y a ti, cómo te fue?
-Hablé una vez con una voz tan viril que me impresionaba de lo que era capaz. Al jurado también.
-Seguro.
-El ricitos, el presidente del jurado, el que siempre lleva gafas oscuras, me guiñaba el ojo.
-¿De verdad?
- Cierto.
-¿Qué descarado, no?
-Se puso muy nervioso cuando dije: "Los actos de estos viciosos sexuales son una violencia para la comunidad y la pena máxima de la ley no es suficiente para sus crímenes". Y para recalcar me meneé la peluca.
-¿Te meneaste qué?
-La peluca. ¿Qué suponías?
-Eso mismo.
-Exactamente. Fue lo único que me meneé y tuvo un efecto asombroso.
-¿Tu frase o el meneo?
-No tomaré en cuenta eso esta noche. En fin, les condené a tres años que se quedaron finalmente en diez minutos.
-Bueno, pues como dijo alguien: "La gente puede ponerse con tranquilidad en manos de la justicia"

Consejos paternales

Anímese, hombre, usted sabe que nada es perfecto.
Algunas cosas en la vida son una pena
Y eso provoca que las personas estén enfadadas.
Otras cosas nos hacen maldecir y jurar en vano.
Cuando esté masticando su propio dedo,
¡No refunfuñe, tómese un whisky!
Esto le ayudará a que las cosas vayan un poco peor.

Capítulo VI

Siempre mire el lado luminoso de la vida
Siempre busque el trabajo más sencillo
Si la vida le parece jovial está de suerte
Sin embargo, hay algo que no puede olvidar
Y es que reírse, bailar y cantar
Cuando estamos sentados en un estercolero
Es de zoquetes, de tontos.

La vida es bastante absurda
Y la muerte tiene siempre la última palabra.
Hay que enfrentarse a ella con humildad y bajando la cabeza.
Olvídese de sus pecados y haga un corte de mangas al público
Disfrute ese momento, pues es su última oportunidad
Así obtendrá el lado luminoso de la muerte
Simplemente hágalo antes de que deje de respirar
No espere a sus funerales.

La vida es un pedazo de mierda
Especialmente cuando nos miramos al espejo.
La vida es risa y la muerte es un chiste; malo, eso sí.
Usted verá que todos lloran cuando le ven morir,
Pero fuera hay mucha gente que se ríe
Simplemente recuerde que la última risa debe ser la suya,
Pues sus tesoros nadie los tendrá.

EL INSPECTOR DE HIGIENE

-¿Sr. Iltan?
-¿Sí?
-¿Es usted el único propietario de la fábrica de chocolate Whizzo?
-Sí.
-El agente Loro y yo somos del departamento de Higiene y nos gustaría hablar con usted de su caja de bombones surtidos de calidad Whizzo.
-Bien.
-Empezaré por el principio. La variedad Cereza Fundida es tremendamente asquerosa, aunque no podemos procesarle por ello.
-De acuerdo, y si quiere le invito a tomar algunos bombones.

-Olvídelo. Luego tenemos el número cuatro: Rana Crujiente. ¿Estoy en lo cierto al pensar que hay una rana auténtica dentro?
-Sí, una pequeña.
-¿Cocinada?
-¡No, por Dios!
-¿Una rana cruda?
-¡Naturalmente! ¡¿No pensará que la íbamos a matar?!
-¿Qué?
-Nosotros solamente usamos las mejores crías. Algunas van ligeramente aturdidas y envueltas en un suculento y suave chocolate, con leche suiza deliciosamente cubierta de glucosa.
-Es posible que sea delicioso, pero se trata de una rana...
-¿Qué otra cosa podría ser? No creo que hubiera preferido un cangrejo. Sería demasiado crujiente.
-¿No le quitan ni los huesos?
-¡Qué barbaridad! Además, si le quitásemos los huesos no tendría ese crujido característico.
-El agente Loro se comió uno y le sentó fatal. Además, el anuncio decía claramente Rana Crujiente, no ligeramente crujiente.
-Eso no importa, pues todo depende de la dentadura del comensal.
-Sí que importa. La gente no piensa que hay una auténtica rana en el bombón. Mi compañero creyó que era una almendra. Cualquiera pensaría que se trata de una rana falsa.
-¿Falsa? Nosotros no usamos conservantes ni colorantes artificiales. ¡Todo es natural!
-Le aconsejo que sustituya las palabras Rana Crujiente por una frase que diga: "Rana auténtica muerta y cruda sin deshuesar". Así evitaría que le procesáramos.
-¿Y tengo que matar a las ranas? ¿Qué pasará entonces con las ventas?
-Me importa un comino sus ventas y sus ranas. Debemos proteger a la gente. ¿Y qué me dice de este otro bombón? Aquí dice: "Copa de vejiga de carnero" ¿Qué clase de bombón es este?
-Uno exquisito. Usamos una selección de trozos de vejiga de carnero del Pirineo. La vaciamos, ponemos al vapor, y la aromatizamos con sésamo. Finalmente la batimos y adornamos con vómito de alondra; muy suave, por cierto.
-¿Vómito de alondra?
-Eso es.
-Aquí no dice nada de vómito de alondra.

Capítulo VI

-Sí lo dice. En el fondo de la caja, detrás del glutamato monosódico.

-No creo que sea suficiente. Sería más apropiada una etiqueta roja que diga: "Aviso, contiene vómito de alondra". Puede poner lo de suave, si quiere.

-Las ventas caerían en picado. ¿Quién comería vómito de alondra?

-¿Y por qué no utiliza ingredientes más convencionales como la crema de lima o fresa?

-Quisimos darle un toque diferente. Pruebe el número 6 y verá.

-¿Qué es?

-El que dice Racimo de Cucarachas, o si lo prefiere el 7, Rizo de Ántrax.

-¿Y este, el número 9?

-Sorpresa... Es nuestra especialidad. Está cubierto de suave chocolate negro que cuando te lo metes en la boca suelta un muelle de acero inoxidable que se dispara de mejilla a mejilla.

-Pero cuando la gente se mete un bombón en la boca no espera que le perfore las mejillas.

-¡Oh, no lo crea! A la gente le gustan las emociones fuertes.

-En todo caso, es una descripción inadecuada. Tendrá que acompañarme a la comisaría, pero no olvide llevarse una caja de bombones, los comeremos por el camino.

-Es usted un poli justo.

LAS BROMAS

"Ya ha finales del siglo XIV o a principios del siglo XIV, las primeras formas de bromas se dividían entre estupideces, sencillas o precipitadas. La primera manifestación de precipitación simple provocaba -como explicaré a continuación- una risa desproporcionada por parte del operador; esto es, se buscaba que se riera el bromista, no quien escuchaba. Por ejemplo: si nosotros ponemos una zancadilla a alguien, cuando se cae al suelo nos reímos todos, salvo la víctima. Si también se ríe ya no tiene gracia, y dejamos de reírnos tapándonos la boca con la mano; es lo que denominamos como "risa sorda". ¿Y qué pasa cuando le quitamos la silla, justo en el momento en que se iba a sentar inocentemente? De nuevo nos reímos cuando se cae al suelo y se toca su culo dolorido. La broma, como parece, es siempre para regocijo del bromista, aunque siempre hay quien se ríe con él, salvo que también le quitemos la silla.

Otra forma de broma –algo más espectacular- pero igualmente primitiva, es tirar una cáscara de plátano a los pies del viandante, aunque si no la pisa no hay gracia y entonces nos podemos reír del bromista. También necesitamos un plátano y para que todo salga bien hay que comprarlo antes, nunca después. Otra broma –quizá más pesada- es obligar a una persona a tragarse el plátano entero, mejor si es el bromista. La cantidad de risas depende de si se atraganta o no, es obvio, pues si se lo come con placer no tiene gracia, salvo que sea una monja. También es importante que compremos antes los plátanos.

Una broma más sofisticada es cuando el operador -o sea, el bromista- no se da cuenta de las consecuencias de sus actos. Si consideramos que alguien que lleva una tabla al hombro nunca puede ver lo que ocurre a sus espaldas cuando se gira (salvo que lleve las gafas al revés), comprenderemos la inocencia de su acto si golpea justo en la cara de alguien. Indudablemente es una broma porque nos reímos, pero como no es premeditada no le podemos considerar al autor un bromista, si acaso un gilipollas. ¿Y qué pasa si le golpea accidentalmente dos o tres veces? Que nuestra risa aumenta, siempre en proporción a la sangre que sale de la nariz. Sangre es igual a risas.

Sin embargo, y a pesar de la popularidad de que gozan los bromistas que llevan tablas al hombro, esto no puede compararse con las connotaciones asociadas al lanzamiento de una tarta de crema al rostro. En este caso, hasta los ciegos se ríen. "¿Qué ha pasado, hijo? –pregunta el ciego-. Que le han tirado una tarta de merengue al rostro." ¡Ja, ja, ja! –ríe aparatosamente el ciego-." El mérito está en la cantidad de tarta que queda pegada al rostro, así que para que todo salga bien debemos ponernos de acuerdo con el pastelero. Unas pruebas preliminares en su cara nos permitirán escoger mejor la tarta adecuada.

CAPERUCITA ROJA

Érase una vez, una casita en el bosque. En esta casita vivían un leñador, su esposa y su hija Caperucita Roja, una inocente niña que disfrutaba rompiendo gruesos troncos con sus propias manos. Y en medio del bosque vivía el lobo, un terrible pequinés de dientes partidos.

Un día, Caperucita Roja fue a llevar unas cosas a casa de su abuelita que vivía en el bosque. Por el camino saltaba juguetona mientras masticaba febrilmente madera reseca.

El lobo malo de dientes partidos vio a Caperucita y pensó: "Parece muy apetitosa a pesar de lo sucia que está".

-¿Adónde vas, bonita? (Por decir algo).
-A casa de mi abuelita.
-Ja, ja, ja –se rió el lobo delante de sus narices, mientras echaba a correr en dirección equivocada-. Cuando por fin llegó a la cabaña llamó a la puerta para disimular. ¡Toc, toc!, pero como había tardado tanto quien le abrió la puerta fue Buzz Aldrin, el segundo astronauta norteamericano. Aquel que dijo, "esto es un gran paso para la Humanidad...," no, el otro, el que estaba al lado.

El lobo se había despistado tanto por las prisas que Buzz le recibió incluso con su traje espacial. Al final resultó que aquella cabaña era la sede de la NASA, y por eso los guardias de seguridad mataron al lobo. A causa del incidente la NASA acordó reducir las pruebas nucleares en la casita de la abuela, tirando las bombas solamente los jueves y los sábados después del té, o del café, porque si son americanos seguro que tomarían café, o coca-cola.

THE DENNIS MOORE SKETCH

(Sonidos de un coche de caballos, galopando)
Cleese: ¡Entréguenme todo lo que tengan!
Chapman: No quiero (suena un disparo)
(Una muchacha grita) ¡Aagh!
Cleese: Permítanme que les haga una advertencia a todos ustedes: están en peligro porque tengo dos pistolas aquí. Ya sé que una de ellas no está cargada, pero la otra sí, pero con seguridad uno de ustedes ha muerto... o casi con seguridad. No merecería la pena seguir arriesgando sus vidas porque yo disparo muy bien. He practicado todos los días... vale, no absolutamente todos los días, pero la mayoría de los días de la semana. Podría asegurar que han sido por lo menos cuatro o cinco veces por semana... o más, incluso algunos fines de semana, como el fin de semana pasado, y eso que no tenía mucho tiempo para ello. Debo decir que con cuatro días de práctica a la semana es suficiente para... por ejemplo, disparar a un árbol de mediano tamaño y acertar. ¿Ven aquel sauce de allí? El que está sobre el pequeño montículo. Bien, no lo pierdan de vista.
Idle: ¿El sauce de hojas dentadas?
Cleese: A mí, particularmente, me gusta mucho esta clase de árbol por sus vetas y las venas que salen correctas de sus hojas...
Chica: ¿Dentadas?

Cleese: Sí, con los bordes dentados.
Idle: Un sauce.
Cleese: Sí.
Idle: Ése no es un sauce.
Cleese: Bien, no importa. Yo puedo acertarle siete veces de diez.
Idle: Pero no daría a un sauce.
Cleese: ¡Basta! Esto un atraco, no una lección de Botánica. Ahora, ningún movimiento en falso, por favor. Quiero que me entreguen todos los altramuces que tengan.
Jones: ¿Los altramuces?
Cleese: Sí, eso he dicho. Vamos.
Idle: ¿Qué quiere usted decir con los altramuces?
Cleese: No intente jugar conmigo.
Idle: No estoy jugando, pero... ¿altramuces en flor?
Cleese: Sí, eso es correcto.
Jones: Pero nosotros no tenemos altramuces.
Chica: Seguro que no.
Cleese: Miren amigos, sé que este es el expreso del Altramuz.
Jones: ¡Maldición, lo sabe!
Chica: Oh, por eso está usted aquí.
Cleese: Démenlos todos en un manojo.
Jones: Al menos permítame que llore la pérdida.
Cleese: ¡Viene Dennos y su caballo Concorde! (Ruidos de galope)
Todos a coro: Dennis Moore, Dennis Moore, galopando a través de la llanura, Dennis Moore, Dennis Moore, y su caballo Concorde. Él roba a los ricos, da dinero a los pobres, Mr. Moore, Mr. Moore, Mr. Moore.
Jones: Estamos salvados.
Chica: Oh, ya está aquí mi héroe.
Cleese: ¡Rápido, los altramuces!
Jones: Todavía no he tenido tiempo de llorar.
Cleese: ¡Que viene, que viene! (Ruidos más intensos de galope y muchos tiros.) Ya me he quedado otra vez sin los altramuces. ¡Di'ta sea...!

Capítulo VI

LA ESPOSA Y SU MARIDO

-¿Qué quieres con el pescado estofado?
-¿Perdón, ciruelita mía?
-Te he preguntado que qué quieres con el pescado estofado, maldito sordo.
-Un poco de pez espada.
-El pescado que te quiero poner es pez espada.
-Bien ¿y qué pescado tienes que no sea estofado?
-Conejo.
-¿Conejo-pescado o pescado-conejo?
-Bueno, está cubierto de piel, así que se parece más a un conejo.
-¿Está muerto?
-Seguro, anoche echaba sangre.
-Bien, tomaré pescado-conejo sin estofar.

(Minutos después de comerse el pescado-conejo sin estofar)
-¡Estaba horrible!
-Oh, siempre te estás quejando.
-¿Qué hay después?
-Hay tarta de rata, budín de rata, sorbete de rata o tarta de fresas.
-¿Tarta de fresa? Serás asquerosa...
-Bueno, tiene un poco de rata también; si te gusta...
-¿Cuántas ratas tiene?
-Seis. Vale, más bien muchas.
-Tomaré un trozo sin mucha rata.

(Minutos después del trozo de tarta de fresa sin mucha rata)
-¡Horrible!
-Pues eran ratas auténticas de alcantarilla.

(Llega el hijo)
-Hola, mamá; hola, papá.
-Hola, hijo.
-Debo deciros que hay un obispo muerto en el portal.
-¿Dónde dices que está?
-Sigue estando en el portal y no creo que se mueva en muchos años.
-¿De qué diócesis es?
-¿Cómo lo voy a saber? No se lo he preguntado. Seguramente será de Canterbury.

-Mira que eres tonto. Se lo tendré que preguntar yo mismo (se marcha).
-No sé quien los trae aquí. Es el tercero en esta semana.
-Yo no he sido mamá. Te lo juro.
-No te creo. Siempre andas jugando con las cosas sin darte cuenta de que se pueden romper. La semana pasada tiré a dos obispos a la basura, todos rotos. No sé qué voy a hacer contigo.

(Aparece el padre)
-No os lo vais a creer. Es ciertamente el obispo de Canterbury.
-¿Cómo lo sabes, con lo idiota que eres?
-Me lo acaba de decir.
-¿Qué?
-Bueno, no exactamente con la boca. Es que le he visto un tatuaje en la nuca. Creo que llamaré a la policía.
-Pero así detendrán a nuestro hijo. Creo que será mejor que llames a la iglesia para que le den la extremaunción y se lo lleven. Ellos siempre saben organizar buenos funerales.
-Vale, llamaré a la policía de la iglesia.

(Llega la policía de la iglesia)
-Hola, a todos. A ver, ¿de que se trata? Amén.
-¿Por qué dice amén si todavía no hemos rezado? ¿Son ustedes realmente la policía de la iglesia?
-¡Oh, sí! También sabemos decir jaculatorias y responsos. En lugar de porra utilizamos para golpear una cruz de buena madera. La del sargento tiene incluso un Cristo clavado para hacer más daño.
-Es que hemos encontrado un obispo muerto en el portal.
-¿Ese obispo, es católico romano u ortodoxo?
-¡Qué sé yo! Si quiere, puedo preguntárselo.
-No hace falta. ¿Lleva un tatuaje en la nuca?
-Exacto.
-En ese caso... ¿Oiga, eso que tiene ahí es tarta de rata?
-Sí, las hago yo misma. No se me escapa una cuando voy de caza.
-¡Es repugnante!
-Me va a hacer llorar. Pongo mucho empeño en mis guisos.
-Creo que dejaremos la tarta y al obispo y nos pondremos a rezar todos de rodillas. Venga: Oh Señor, te rogamos que nos digas quién mató al obispo de Leicester o de Canterbury, que para el caso es lo mismo.

Capítulo VI

Como es un siervo tuyo seguramente no tendrás ningún problema en averiguarlo.

(Aparece la mano de Dios señalando al padre)
-Ha quedado claro que Dios es un poli justo, pero claro, como todo lo ve desde arriba tiene ventaja. Ya veríamos cómo se las apañaría aquí, desde el suelo. De todas maneras, yo no he sido.
-¿Confiesa su crimen, si o no?
-Vale, pero es por no incordiar más, aunque la culpa es de la sociedad. Siempre que matamos a un obispo el mismo rollo y luego si conduces por la izquierda nadie te dice nada.
-Bien, les arrestaremos a todos. Y usted, señora, no se olvide traer la tarta de ratas. Creo que al sargento le encantará tomar un buen trozo.

El extranjero que no sabía inglés

En 1971 el Imperio británico era un amasijo de escombros y los extranjeros pululaban por las calles. Se trataba en su mayoría de húngaros y centro europeos. Casi todos tenían la extraña costumbre de entrar en los estancos con la saludable intención de comprar tabaco.
-Buenas tardes, ¿qué desea?
-Perdón. No pienso comprar este disco, está rayado.
-¿Qué?
-No pienso comprar este disco porque está rayado.
-Oh, no, no. Esto es un estanco.
-¿Perdón?
-Un estanco.
-Ah, entiendo. No pienso comprar este estanco. Está rayado.
-No, no, no. Aquí vendemos tabaco, cigarrillos, mecheros. ¿Ve?
-¿Cigarrillos? Entiendo, espere. El trasero de papá tiene ladillas.
-¿Cómo?
-Que el trasero de papá tiene ladillas. ¿Comprende ahora?
-¡Ah...! Quiere decir cerillas. Tenga.
-Ya, ya. No, no. Usted no entender. ¿Quiere usted venir a mi casa a echar un polvote?
-Mire, en perfecto inglés le diré que es usted un imbécil.
-¿Qué es imbécil?
-Que me debe seis chelines por las cerillas.
-Usted muy amable. ¿Si le dijera que tiene un cuerpo bonito me per-

mitiría poseerle? Ya tengo curadas las purgaciones.
 -¡Imbécil y cretino!
 -¿Qué? No entender.
 -Mejor. Déjeme ese diccionario que lleva, a ver cómo se dice seis chelines en húngaro. Aquí está: "Ni por un millón de dólares le daría por el culo". Suena bien.
 -Comprendo. Ahora yo pegar puñetazo en cara y adiós.

(Llega la policía)
 -¿Qué pasa aquí?
 -Ah, un policía inglés. Usted tiene muslos preciosos.
 -¿Qué, cómo se atreve? Soy un agente de la autoridad.
 -Y sus muslos son preciosos. Quítese los pantalones, no puedo perder el tiempo.
 -¿Pero qué clase de diccionario tiene usted? Está detenido, pero pararemos en el camino para charlar sobre mis muslos.

(El juicio al autor del diccionario)
 -¿Es usted Alexander Hall?
 -Sí.
 -Se le acusa de publicar un diccionario con expresiones falsas y engañosas con el fin de quebrantar la paz social.
 -Soy inocente, solamente pretendía que los húngaros ligaran con las mujeres inglesas.
 -Es usted asquerosamente pervertido, pero me gusta. Con la venia, señoría, quisiera citar un ejemplo del libro: la frase en húngaro *¿Puede usted decirme dónde está la estación?*, la traducen como *Por favor, acaríceme las nalgas.*
 -Eso es mejor que ir a la estación ¿no?
 -Ahora le entiendo. Queda usted absuelto, pero preséntame a su señora.

EL ASESOR MATRIMONIAL

-Toc, toc. ¿Es usted el asesor matrimonial?
 -Sí, buenos días. ¿Usted es el señor Albert y la señora de hermosas tetas que está a su lado es su esposa, verdad?
 -Exactamente y gracias por el matiz.
 -Buenos días, señora. ¿Cómo se llama usted? Espere, no me lo diga. Tendrá algo que ver con la luz de la luna y armonizará con sus ojos.

Seguro que es una persona suave, tierna, cálida y generosa, fuerte, pero vulnerable al deseo carnal.

-Vale, pero se llama Jane.

-Qué nombre tan hermoso. ¿Me permite que me acerque a ella para acariciarle la cara? Mientras compruebo la suavidad de su rostro, dígame Albert, ¿qué es lo que no funciona en su matrimonio?

-Verá. Todo empezó el día en que nos fuimos de vacaciones. Mi señora y yo siempre fuimos buenos amigos y jamás pensé que pudiera surgir un conflicto entre nosotros. Por eso, la idea de consultar a un asesor matrimonial nos pareció estupenda. ¡Oiga! ¿Es necesario que le acaricie la cara, que le bese la mano, el antebrazo y…?

-Imprescindible para la terapia. Continúe.

-Gracias. Como iba diciendo, Jane y yo hemos sido buenos compañeros, nos apasiona la jardinería y guardamos monedas antiguas en frascos de cristal. Veo que la está abrazando fuertemente delante de mí. ¿También forma parte del tratamiento?

-Por supuesto.

-¿Y es necesario que le levante la falda?

-Imprescindible. Debo comprobar sus puntos más vulnerables.

-Entiendo. Bueno, yo tengo un gran sentido del humor, pero he descubierto que ya no soy lo más importante en la vida de mi mujer.

-Yo le ayudaré a entenderla, no se preocupe.

-Pero ahora la está besando…

-¿Sospecha que su esposa le es infiel habitualmente?

-Pues…francamente, sí.

-¿Y qué pruebas tiene?

-Su comportamiento con los hombres siempre ha sido extraño. Ahora, por ejemplo, se está desnudando detrás del biombo. ¿Es eso normal?

-Absolutamente, pero iré a mirar.

-A mi me parece algo sospechoso.

-¿Sospechoso? Si desconfía de ella nunca conseguirá curarse.

-No soy por naturaleza desconfiado y en los ambientes que frecuento se me aprecia bastante, y a mi mujer también, por supuesto. Creo que gracias a ella tengo tantos amigos.

-No lo pongo en duda y espero que pronto seamos buenos amigos. ¿Le importaría sujetarme la chaqueta y los pantalones mientras voy a ver qué hace su mujer detrás del biombo? Puede esperarnos fuera.

-Sí, claro, esperaré fuera, aunque está lloviendo. Le confieso que usted me ha tranquilizado mucho sobre la infidelidad de mi mujer.

LA VIDA DE BRIAN

"Creo que ha dicho 'Bienaventurados los queseros'".
"¿Por qué precisamente los queseros?"
"Hombre, no hay que tomarlo literalmente, se refiere a todos los fabricantes de productos lácteos."

"Bueno, pero aparte del alcantarillado, la sanidad, la enseñanza, el vino, el orden público, la irrigación, las carreteras y los baños públicos, ¿qué han hecho los romanos por nosotros?"

"¡¿Qué tú lo has pasado mal?! ¡Yo llevo aquí cinco años colgado, y no me pusieron boca arriba hasta ayer, así que no me vengas con historias!"

"¡Y llevará una espada de nueve filos! ¡No de dos, ni de cinco, ni de siete, sino de nueve! ¡Y la empuñará contra todos los pecadores! Como ése de ahí que me está mirando. ¡Y en la cabeza llevará un cuerno, y doce cascabeles!"

"Y en verdad os digo, que habrá rumores de que las cosas van mal. Y se producirá una gran confusión entre las gentes. Y nadie sabrá dónde está nada. Y nadie sabrá dónde están... esas cositas que llevan una base de rafia y una especie de correa. En esa hora, el amigo perderá el martillo de su amigo. Y los jóvenes no tendrán ni idea de... de dónde están las cosas que sus padres... que sus padres habían guardado allí la noche antes, a eso de las ocho. Está escrito en el Libro de Amadeo. ¿Alguien lo ha leído?"

EN EL BAR

-Buenas tardes, amigo ¿Está casado?
-Bueno, sí.
-Yo, en cambio, soy soltero. Je, je. ¿Me comprende qué quiero decir?
-No exactamente.
-Ya veo lo que insinúa. ¿A su mujer le va la marcha? Ya me entiende, fuego, pasión... ¿realmente se enrolla?

Capítulo VI

-Bueno, en ocasiones. Supongo que lo podríamos definir así.

-Seguro que sí. Es usted un pícaro. No hace falta que me diga más. Usted siempre sabe lo que piensa ella, ¿a que sí?

-Oiga, me parece que no le sigo.

-Pues sígame, sígame y no se pierda. Tampoco es tan difícil. Presiento que usted tiene vista de lince y mucha mano izquierda, sobre todo cuando se ducha solo ¿eh?

-Oiga ¿qué está intentando venderme?

-Muy bueno, muy buena esa pregunta. Se las sabe todas. A ver, mueva la mano como yo. ¿Ve? Está totalmente excitado y su mano le delata. Fuego, pasión.

-Pero...

-A buen entendedor pocas palabras. ¿Le gusta el deporte?

-Sí, me gusta, pero no veo la relación.

-Seguro que es muy aficionado al críquet.

-Bueno, sí.

-¡Uff! No me diga más. ¿Me entiende lo que le digo? Los domingos, su mujer, el críquet... ¿Su mujer viaja mucho?

-Bastante, ¿cómo lo ha sabido?

-Se le nota en la cara. Lo lleva escrito en sus labios. Oiga ¿a su mujer le gusta la fotografía? Ya sabe a qué me refiero, una sonrisa, patata, clic, clic y eso.

-Francamente sigo sin entenderle.

-¿Pero le gusta o no?

-En vacaciones, sí.

-Vale, en vacaciones tampoco está mal. Con su bikini, o mejor sin él. Dulces y provocativas fotografías.

-Pero es que no tenemos todavía cámara de fotos.

-Aun así, seguro que ustedes...ya me entiende.

-Oigo, estoy harto. ¿Qué es lo que está insinuando?

-No es eso que está pensando, no, no.

-¿Y qué es lo que estoy pensando?

-Bien, supongo que usted es un hombre de mundo, un hombre que ha estado con una mujer y se ha acostado con ella.

-Claro, con mi mujer.

-Y yo.

-¿Qué?

EL EXPLORADOR QUE VE DOBLE

-El siguiente. Uno a uno, por favor.
-Soy el único, señor.
-Ah, sí, es cierto. Coja un...
-¿Asiento?
-Eso es. ¿De modo que quieren apuntarse a mi expedición alpina, correcto?
-¿Quién, yo?
-Sí, claro.
-Me encantaría, señor.
-Estupendo. ¿Y usted, también quiere apuntarse?
-Perdón, no hay nadie más aquí.
-Ya veo. Entonces, al diablo con la solicitud. Bien, procederé a informarles: voy a dirigir una expedición a los picos del monte Kilimanjaro.
-Creía que solamente había un pico, señor.
-Déjeme que vea el mapa... Es cierto, y eso nos ahorrará tiempo. Menos mal. Verá, el objetivo de la expedición es intentar encontrar los restos de la expedición del año pasado.
-¿La del año pasado?
-Sí, y no me gustaría tener que repetírselo. Con dos veces es suficiente. Mi hermano estaba al cargo de ella. Iban a construir un puente entre ambos picos y se perdieron.
-Pero si solamente hay un pico...
-Pues en el mapa hay dos.
-Sólo uno.
-Posiblemente, pero la idea de ir allí fue mía. Les anticipo que ya he fichado prácticamente a todo el equipo, así que... ¿cuáles son sus aptitudes?
-Verá, señor...
-Sí, hable usted primero.
-Aquí no hay nadie más.
-No estoy hablando con usted. Prosiga.
-Como quiera. Soy alpinista profesional y...
-¿Alpinista? No entiendo dónde quiere ir a parar con esa impertinencia. A ver qué dice el diccionario: Alpes, alpiste... ¡ah, sí!, alpinista. Dos hombres especializados en escalar montañas.
-Dos hombres o más. También alguna mujer.
-¡Por Júpiter! Me vendrán ustedes estupendamente. Bien, les con-

Capítulo VI

trato a los dos. Enhorabuena. ¿Y cómo se llaman?

-Arthur Wilson.

-¿Y su amigo? Bueno, para evitar confusiones les llamaré Arthur uno y Arthur dos.

-¿Estará usted al mando de la expedición?

-Sí, nosotros estaremos al mando.

-¿A quién se refiere?

-A mi compañero, por supuesto. Es un poco callado pero muy eficaz.

-¿Y qué ruta han decidido seguir?

-Buenas preguntas me hacen ustedes. Saldremos uno y otro los días 11 y 22 de enero y haremos las siguientes rutas: desde los dos Manchester, pasando a los dos Oxford, cogeremos las autopistas a través de los dos Londres, hasta llegar a los puertos de Dover. Justo en ese momento usted y su amigo saltarán a los continentes africanos hasta ambas Nairobis, donde se reunirán con mi amigo aquí presente y yo, donde preguntaremos a un nativo cómo se llega a las cumbres del Kilimanjaro.

-¿Alguien sabe hablar el suahili?

-Allí todo el mundo lo habla. No habrá problemas.

-Me refiero a ustedes.

-Creo que alguna de las matronas lo saben.

-¿Para qué necesitan matronas en una expedición de hombres?

-Es por los canguros, ya sabe.

-Vale, pero además de las matronas para los canguros, ¿quién más vendrá en nuestra expedición?

-Vendrán los mellizos Brown, dos botánicos, los hermanos gemelos William y ustedes dos.

-¿Y ninguno de ellos es alpinista?

-Creo que no. Esa es una profesión desconocida para mí hasta que llegaron ustedes. ¡Ah! También llevaremos una pareja de vigilantes del metro para que nos sirvan de guías.

-Pero en Nairobi no hay metro...

-Lo sé, por eso la subida al Kilimanjaro es tan complicada. Casi siempre hay que ir cuesta arriba y está todo muy empinado hasta que se llega a las cimas. Afortunadamente Jimmy el cojo ha elaborado un plan de ataque. Venga, se lo presentaré: Jimmy uno, estos son Arthur uno y Arthur dos. Jimmy dos, este es Arthur uno y este Arthur dos.

-Encantado de conocerles a ustedes.

-Adelante. Explíquenle a Arthur uno los dos planes.

-No se preocupen de nada, Jimmy dos y yo escalaremos los picos uno a uno sin ningún problema.

-¿Siempre llevan muletas cuando escalan?

-¡Oh, sí! Hace años que las uso. Verá: primero les describiremos la ruta. Nuestro objetivo es la cumbre uno del Kilimanjaro. La primera fase no presenta ninguna dificultad hasta llegar a la cara Este, la que coincide con la otra cara, ya sabe. Ahí empiezan las avalanchas, siempre de dos en dos. Una vez superados estos obstáculos hay que abrir un paso hasta la chimenea que nos lleve a la mesilla de noche, esa que tiene un aplique, lo cual es una operación que reviste gran dificultad por los cables de la luz. Cuando lo hayamos logrado llegaremos a la barandilla de la biblioteca, en donde hay una fase bastante difícil de superar si lo hacemos por la pared Este; pero a través del suelo llegaremos hasta la silla, donde disfrutaremos de un merecido descanso. A continuación, un descenso para dirigirnos directamente hacia la puerta, o la salida, según prefiera. Estupendo, ¿verdad?

-Me temo que no podré acompañarles a su expedición. No me inspiran ninguna confianza.

-Nada más ver la cara de su amigo sabía que me dirían eso.

Eric el Vikingo

Thorfinn: Quiere decir... ¿que no puedo matar a nadie?
Rey Arnulf: ¿No es maravilloso?
Thorfinn: ¿No matar a nadie es maravilloso?
Rey Arnulf: Claro.
Erik: ¿Cómo?
Rey Arnulf: Bueno... tampoco obtendremos ninguna ganancia si no podemos matar a nadie.
Erik: Eso es obvio.
Rey Arnulf: Y...
Thorfinn: Pero ¿cómo podemos vengarnos de nuestros enemigos si no les matamos?
Keitel: ¿Cómo podemos castigar a las personas?
Ivar: ¿Cómo nos defendemos de nuestros enemigos?
Rey Arnulf: Nosotros no tenemos enemigos. Ya les hemos matado a todos.

Capítulo VI

La Mamá de Thorfinn: ¿Tienes ya las dos hachas?
Thorfinn: Sí, Madre.
La Mamá de Thorfinn: ¿Y algo para afilarlas?
Throfinn: Sí.
La Mamá de Thorfinn: Y no te olvides: nunca permitas que tu enemigo esté detrás de ti con una espada.
Thorfinn: No, madre.
La Mamá de Throfin: Y mantén tu espada bien engrasada.
Throfinn: Sí, madre. Adiós, papá.
El Papá de Thorfinn: Y no te olvides de lavarte, ya sabes el qué.
Thorfinn: No, papá.
La Mamá de Throfinn: Y si tienes que matar a alguien, mátalo. No te detengas a pensar sobre su familia o su esposa; bueno, sobre su esposa sí.
Thorfinn: Nunca lo hago, al menos que la tenga debajo.

Harald: Escuche. He estado en este vertedero durante dieciséis años y no he logrado convertir a nadie al cristianismo.
Snorri: Está la esposa de Thorbjorn Vifilsson. Usted la convirtió.
Harald: La esposa de Thorbjorn Vifilsson se volvió budista, no cristiana. Y eso que me acostaba con ella todas las noches, o quizá fue por eso...
Snorri: Cristianos, budistas, es lo mismo ¿no?
Harald: No, no lo es. Unos dicen que María, la madre de Jesús, era virgen; los otros dicen: ¡anda ya!

Thorfinn: ¿Se encuentra bien?
Ivar: No, no lo estoy.
Thorfinn: No creo que usted esté enfermo y solamente es una excusa para no remar.
Ivar: Ya no tenemos remos. ¿Cómo me va a curar si dice que no estoy enfermo?
Throfinn: Lo que quiero decirle es que todos los marineros se marean de vez en cuando.
Ivar: Harry no.
Throfinn: Ese está muerto.
Ivar: Pero no vomita.
Throfinn: El gran Olaf Tryggvason vomitaba en cada viaje... todo el tiempo... sin parar... un vómito... otro vómito.
Ivar: Me estoy sintiendo fatal.

Throfinn: Al final tuvimos que tirarle por la borda. Era asqueroso.
Ivar: Ya no me siento mal. Es usted maravilloso. ¡Me ha curado!
Throfinn: Olaf vomitaba también cuando dormía.
Ivar: Bastardo.

Snorri: Primero nosotros estábamos volando y ahora nos estamos hundiendo. ¿Alguien sabe una canción que hable de ahogarse con placer?
Erik: ¡Escucha! Quizá no llegaremos a Brasil y posiblemente tampoco encontraremos el Cuerno que Resuena... pero por lo menos lo hemos intentado... y nos habremos muerto como hombres.
Snorri: Como peces.

El anuncio del colegio

-En el corazón de la campiña inglesa, donde, durante siglos, terratenientes, señores feudales y conejitos han trabajado juntos...
-Mejor quita lo de conejitos.
-Vale. En el corazón de la campiña inglesa, donde, durante siglos, terratenientes, señores feudales, hámsteres, periquitos, ciervos...
-La verdad es que no hace falta mencionar ningún animal.
-Sin animales. Nada de animales. De acuerdo. En el corazón de la campiña inglesa y argentina...
-No hace falta decir lo de "argentina".
-Vale. ¿Quizá mejor de la Patagonia, para referirme a Sudamérica en general?
-Mejor quítalo. ¿Vale? Vamos a hablar de un colegio inglés, situado en Inglaterra.
-OK, de acuerdo. En el corazón de la campiña inglesa, donde, durante siglos, terratenientes, señores feudales y conejitos han trabajado juntos para preservar las libertades de una tierra vetusta, se encuentra una institución que ha llegado a ser leyenda en el mundo académico: la Academia San Tetas.
-Se dice San Titus.
-Perdón, no sé en qué estaría pensando.
-Espero que no fuera en mi mujer.
-Seguro que no. ¿Entonces se pronuncia Titus?
-¿El qué?

Capítulo VI

-Me refería a la academia, no a las tetas de tu mujer.
-Sí, así se pronuncia. Y no sigamos hablando de las tetas de mi mujer.
-Adelante.
-Vale. Toma 26.
-¿Hemos hecho ya la 25?
-Y la 27.
-Parece que nos estamos confundiendo con eso de las tetas de tu mujer. Pues, en el corazón de la campiña inglesa, bla, bla, bla…
-¿Vas a decir eso de bla, bla, bla?
-Por supuesto, no pensarás que lo voy a repetir todo.
-Tienes que repetirlo todo.
-¿Y lo de las tetas de tu mujer?
-Tú ganas, no lo repitas. Adelante, pues.
-…se encuentra la Academia San Titus, donde lo moderno se conjuga con lo clásico.
-Alto. El director dice que no vale lo de bla, bla, bla. Tienes que repetirlo todo.
-¿Y lo de las tetas de tu mujer también?
-Eso no.
-¿Todo entero, pero sin tetas?
-Si no te importa…
-Está bien, pero me gustaba más antes. En el corazón de la campiña inglesa, donde, durante siglos, los terratenientes y señores feudales han trabajado juntos para preservar las libertades de una tierra vetusta, se encuentra una institución que ha llegado a ser leyenda en el mundo académico: la Academia Titus, la cual ha florecido bajo la dirección de Dick Bonkers, licenciado en "Cum lengua" y Master X.
-¿Crees que la gente entenderá eso de "tierra vetusta" y "Cum lengua"?
-Seguro que no.
-Pues sigue entonces.

Capítulo VII
Diccionario estúpido inglés/español

Capítulo VII

Para aquellos lectores que no sepan inglés les hemos incluido un pequeño diccionario de los términos anglosajones que NO figuran en este libro, con la pretensión de que aunque no les sirvan para nada al menos les ayuden a vomitar con mayor eficacia.

A

Abbos: Término derogatorio para los nativos australianos. Se prohíbe a los miembros de la Facultad de Filosofía que maltraten a los Abbos si hay alguien mirando.

Albatros: 1. Pájaro de piel lisa, del género Diomedea, del que hay varias especies. 2. Refresco que unido a las palomitas se vende en los cines para incordiar al de al lado. No intente llevárselo si no paga antes varios peniques.

Anarco Sindicalista, Comuna: Lugar en el cual habitan varias personas que ninguna de ellas es la propietaria. Tratan de ser autónomas por tradición, pero como nadie quiere fregar los cacharros terminan comiendo en un restaurante chino que les sale más caro.

B

Bally: Palabra de la jerga callejera que no quiere decir nada y que por eso nadie utiliza.

Birmania: República montañosa del sudeste asiático (Ojo, no la busque en el mapa porque ahora se llama de otra manera. Cuando me acuerde del nombre moderno se lo diré).

Blancmange: Postre de leche de color blanco, dulce y espesado con maicena o gelatina y sazonado con vainilla o al ron. Intente pronunciar su nombre con él en la boca sin que se le trabe la lengua.

Blimey: Habitante del planeta Blimey que todavía no ha venido a la Tierra y dada las circunstancias es posible que nunca lo haga, especialmente porque no sabe el camino.

Bloke: Expresión informal de sorpresa. Por ejemplo: "¡Oh, me has dejado *bloke*!"

Bloody: Varón que se considera agresivo y frecuentemente sangriento cuando tiene delante a la suegra. **Botty:** Término infantil que se refiere al bottom. A veces, solemos decir: "¡*Botty* de aquí!"

Bouzouki: Instrumento de origen griego que se parece a una mandolina con un cuello preocupadamente largo y normalmente en forma de pera. De vez en cuando lo encontraremos en las tiendas delicatessen en donde venden quesos, aunque no sirve para nada; pero da un ambiente…

Brontosaurio: Reptil de cabeza pequeña y cerebro casi inexistente, lo que le ocasiona problemas para hacerse entender. Se suele decir: "*¡Pronto, saurio de aquí!*".

Bruce: Nombre común en Australia, América, Inglaterra, etc. Si se apellida Lee, mejor no le haga enfadar.

Bugger: 1. Palabrota expresada a menudo. 2. Persona que está molestando y no se entera. 3. Tonto por el cual sentimos simpatía y que frecuentemente nos referimos a él como "mi cuñado". 4. En la jerga común se suele decir: "Te espero en el *Bugger*".

Bum: Parte del cuerpo sobre la cual nos sentamos. También, la explosión maloliente de esa misma parte después de comer judías.

C

Camp: 1. Comportamiento y forma de vestir en cierto modo similar a nuestros ancestros y que en realidad persigue desesperadamente llamar la atención por lo inadecuado, artificial, pésimo gusto y hasta cutre. 2. Abreviatura de campamento, lugar donde enviamos a nuestros hijos para que lo pasen bien, aunque lo que pretendemos realmente es que nos dejen en paz unos días para poder hacer el amor en el sofá sin testigos.

Camel Spotting: Camello que mancha cuando hace pis.

Camel Spotter: Alguien que no quiere estar detrás del camello cuando éste hace pis o caca.

Cashectomy: Cuando nos rompen el casete por poner el volumen muy alto.

Chatboy: Muchacho que intenta chatear, pero como escribe mal siempre llega a una página Web de los Testigos de Jehová y se desilusiona.

Chartered Accountant: Persona encargada de contar los aplausos del público cuando la sala está vacía.

Clap: Término coloquial para definir la gonorrea, aunque también se emplea inadecuadamente para referirse a un grupo de personas que aplauden hasta los discursos del cura en los funerales.

Codger: Viejo que se comporta extrañamente al estar sentado en una silla con clavos hacia arriba.

Comfy chair: Silla para estar sentado mucho tiempo inventada por la Inquisición Española y empleada ahora en las consultas médicas de la Seguridad Social.

Cor Blimey: Exclamación de sorpresa, a veces derivada de una corrupción de la expresión "serás hijo de..." y que no solemos terminar porque nos gusta que nuestra nariz siga en su sitio.

Crackers: Galletas crujientes. También, personas muy amables que nos pasan una clave que nos ayudará a quedarnos atascados en el segundo nivel del juego.

Cretin: Cretinos o retrasados mentales solamente aptos para escribir una "o" gracias a un canuto.

Crikey: Expresión de sorpresa y rabia. "¡Estoy hasta los *crikey* de aguantarte!"

D

Daft: Tonto. Se parece a la cerveza de Homer Simpsons, y es usted ciertamente tonto si se ha confundido.

F

Fag: 1. En la jerga británica, un cigarro. 2. Algo que es aburrido y no queremos hacer (por ejemplo, estudiar la Constitución Española para aprobar unas oposiciones a Funcionarios Ociosos) 3. En algunas escuelas privadas británicas, un muchacho joven que tiene que hacer los trabajos de un veterano, más comúnmente conocido como *pringao*.

Fish License: Licencia para pescar no concedida por los peces.

Flower arranging: Flores debidamente colocadas en un jarrón para que se marchiten todas a la vez y los feos puedan asegurar aquello de: "¡Qué efímera es la belleza!"

Freemason: Miembro de un grupo social antiguo y poderoso en el cual todos los seguidores se ayudan y usan señales confidenciales para comunicarse entre sí. Por ejemplo: rascarse los genitales (estoy hasta los...); tocarse los genitales (no me toques los...). Este código es personal e intransferible.

G

Git: Una persona, especialmente un hombre, considerado como desagradable. Suele ser parte de un slogan en las asociaciones feministas.

Gumby: Un personaje de los Monty Python, a menudo (pero no exclusivamente) un varón. Ellos suelen llevar chalecos de punto de cruz, botas para ducharse, pañuelos anudados en sus cabezas cubriendo las gafas, y algún bigote, frecuentemente dos. Si son chicas tienen tendencia a hablar ruidosamente, limpian obsesivamente, y cuando recogen algo del suelo nos muestran el trasero, en ocasiones cubierto por bragas rojas.

H

Hendon: Centro de Entrenamiento Policiaco Metropolitano en Hendon, Inglaterra. Allí son destinados los reclutas para que los veteranos les digan: "¿Creéis que aquí va venir vuestra mamá a ayudaros?" Tradicionalmente, las mamás solamente aparecen los sábados con la ropa limpia.

Hot Enough to Boil a Monkey's Bum: Algo bastante caluroso posiblemente usado para templar el asiento de la Reina Madre. Se cree que eran monos importados de Borneo que tenían la habilidad de irritar a los ministros con sus preguntas.

I

It's a Fair Cop: Frase usada por los delincuentes cuando el policía les coge in fraganti, por ejemplo: "La cagaste, Burt Lancaster".

Incontinent: Incapaz para controlar la excreción de orina. Situación muy desagradable cuando estamos meando y nos llaman por el móvil.

K

Kit: Equipo o ropa. La frase, "He aquí el quid de la cuestión" no tiene nada que ver, pero se le parece.

CAPÍTULO VII

L

Larch: Pino muy desagradable cuando nos estrellamos con él al ir por el bosque de noche.

Lemon Curry: 1. Un curry hecho con limones. 2. Palabra que decimos de viva voz al exclamar: "¡*Curry* que viene el toro!"

Limey: Jerga originalmente de los marineros británicos pero que se quedaron con ellas los italianos cuando al grito de "¡Al ataque!" los soldados de Julio César les quitaron también Escocia por tontos.

Llama: Cuadrúpedo que vive en los grandes ríos como el Amazonas y que a pesar de sus dos grandes orejas no acude cuando se le llama. Los aborígenes suelen decir: "Por la llama se sabe dónde está el humo, o al revés, qué mas da".

Loony: Chiflado o persona ilusa que insiste en charlar con un sordomudo.

Lumberjack. Leñador que tiene un pelín de mala leche con los árboles. Suelen ir en grupo de siete hermanos en busca de otras siete chicas, mientras cantan canciones cursis y bailan en lugar de currar.

Lupin: 1. Guapo ladrón francés llamado Arsenio Lupin que era capaz de robar hasta la dignidad de las damas. 2. Ponerse en decúbito *lupino* seguramente venía de la afición de ese ladrón para poner a las damas boca arriba, justo con él encima.

M

Mac: Vea "Mackintosh" y no sea pelmazo.

Mackintosh: Artilugio que se empeña en apagarse cada vez que nos equivocamos, sin tener en cuenta nuestros sentimientos.

Moose: Ciervo con los cuernos más grandes que un difunto en el burdel de su amada. Cuando muerde hace mucho daño, a menos que lo estemos viendo por televisión.

N

Naughty bits: Parte de la anatomía humana que algunos prefieren llamar acertadamente como "mi salchicha", salvo en la carnicería para no establecer comparaciones.

Not a Sausage: Nada de nada. Nada en concreto. No quiero decir nada. No me importa nada. ¿Seguro que no quiere nada? Bueno... cualquier cosa.

O

Ocarina: 1. Instrumento musical de viento. 2. Expresión italiana para ligar: "¡Oh, carina mía!". 3. Una oca pequeña.

P

Pepperpot: Según los Monty Python, una mujer de clase media chillando fuerte. Mi abuelo solía decir: "A mí no me chilla ni una *pepperpot*", y él era muy serio para esas cosas.

Pillock: Persona tonta, pero si le quitamos "ck" es todo lo contrario. En su caso, escoja el que más se ajuste a sus características.

Pissed: Persona que se ha hecho pis. Según Sócrates, circunstancia atenuante que pasa desapercibida si lo hacemos en solitario, pero embarazosa cuando estamos bailando un tango.

Piss off: Hacerse pis fuera de. Es una manera bastante grosera de decir a alguien que se marche.

Plumage: En español lo mismo, pero con "j".

Polecat: Una mofeta. Animal feroz, salvaje y pequeño que tiene olor desagradable y que en España se conoce como "guarro", habitualmente persona asidua del metro los días de calor.

Pommie: Jerga australiana para definir a los ingleses. "*Pommi, como si se la machaca*", suelen decirles cuando se ponen pesados.

Pommie bastard: Jerga australiana despectiva para cuando los ingleses no se dan por aludidos.

Pommieland: Jerga australiana para decir Inglaterra, aunque tradicionalmente se les menciona como "hijos de la Gran Bretaña".

Ponce: 1. Hombre que no se comporta, viste o habla de una manera tradicionalmente masculina. Un marica, para ser más claros. "Pareces un *ponce* con esos pelos".

Pound: Moneda tradicional inglesa que todo el mundo conoce como libra. La frase: "Te voy a meter un *pound* por el..." no está considerada como ofensiva para los pobres.

PVC: Tipo de material. No es correcto decir: "Voy al *PVC*".

Capítulo VII

Pythonesque: Estilo de humor de los Monty Python, grupo popular británico que a fuerza de decir chistes absurdos y surrealistas dejaron huella en la historia, especialmente por su afición a mostrar el culo en público. También contaban chistes ingeniosos y hablaban mal de la Reina Madre, lo que provocaba muchos aplausos en Norteamérica y Australia.

S

Semprini: 1. Posiblemente una palabra grosera habitual en los Monty Python. Después de un amplio debate en la editorial hemos llegado a la conclusión de que el significado real era que se trataba de un aftershave. El ignorante público se reía mucho cuando la pronunciaban.

Shagged Out: Gastado, cansado. "¡*Shagged* de aquí echando leches!"

Siamese Bat: Gato Siamés muy peligroso. Si encuentra uno en la cama con su mujer déjeles en paz.

Sod: 1. Césped. 2. Alguien considerado desagradable o difícil, como una esposa en la menopausia.

Sod It: 1. Cuidar el césped. 2. Exclamación de desprecio y frustración referida a la misma esposa que ningún juez consideraría como insulto. Aprovéchese y utilícela con frecuencia.

Spam: 1. Marca de fábrica usada por una conserva que consiste principalmente en carne de cerdo. 2. Correo electrónico basura. 3. "Déme una barra de *spam* integral" es una frase habitual en las panaderías.

Spanish Inquisition: La Inquisición española se fundó en los primeros años del siglo decimosexto y sus guardianes tenían predilección por desnudar a las brujas guapas mientras las interrogaban. A los jueces actuales les gustaría hacer lo mismo, pero no les dejan.

Spank: Palmada vigorosa que se da en la espalda. Si se trata del amante de nuestra esposa y coincide que está desnudo encima de ella, aplique máxima energía.

Spanking: Técnica especialmente contundente para que el amante no vuelva nunca más, consistente en poner una cucaracha hambrienta cerca de su orificio anal.

Spiny Norman: Normando desagradable. Solía decirse de quienes acudían a un velatorio después de comer judías con chorizo.

Splunge: Posiblemente sea un erizo gigante. "Yo he venido a luchar contra los ingleses y no contra los erizos gigantes de mar" –dijo el almirante cuando perdió la batalla.
Strewth: Sorpresa o desilusión. "Doctor, tengo un *strewth* que no me deja vivir".
Stroppy: 1. Beligerante, susceptible, hostil 2. Dícese de las mujeres cuando quieren que sus exmaridos les pasen una pensión. 3. Actitud de los leones cuando les encontramos bruscamente en una plaza del barrio.

T

Tinny: Una palabra que (posiblemente) indica un metal. "*Tinny* narices la cosa"
Train spotting: Tren que mancha cuando está recién pintado.
Train spotter: El estúpido con mala leche que nos invita a subir al tren recién pintado diciendo: "Pasajeros al *train*...".
Twit: Loco, estúpido o idiota, expresiones muy razonables que nos decimos cuando el guardia nos detiene por no llevar puesto el cinturón de seguridad. "¡Seré *Twit*...!"

U

Upperclass twit: El estúpido de antes. Suele reincidir y acaba siendo multado por otros conceptos al intentar que el guardia no le sancione a cambio de un beso. Habitualmente llevan bigote, tarjeta Visa de débito y un móvil de última generación con la última sintonía hortera. Se cree metrosexual, pero ni aún así se come una rosca.

W

Wains Cotting: Pequeño pueblecito en donde el alcalde hace con los ciudadanos lo mismo que le gustaría hacer a su mujer las noches de los sábados.
Wainscoting: Madera para decorar. También, forma de pagar cuando nadie tiene un centavo: "Esta ronda la pagamos a *wainscoting*".

CAPÍTULO VII

Wanker: Para las mujeres, persona muy tonta, desagradable o inútil, normalmente un varón.

Woody Allen: Actor que nos hace reír y meditar, especialmente cuando llevamos mucho tiempo sentados en la taza del WC y nos acordamos de alguna de sus películas.

Y

Ypres: Ciudad fronteriza de la Bélgica occidental donde tuvo lugar una gran batalla. Ahora *Ipress-ionan* mucho sus monumentos históricos.

Indice

Capítulo I: La historia..9

Capítulo II: El grupo..19

Capítulo III: Películas del grupo...............................51

Capítulo IV: Otras películas.......................................71

Capítulo V: Miscelánea..125

Capítulo VI: Frases históricas.................................137

Capítulo VII: Diccionario estúpido
                            inglés/español......................................167

OTROS TÍTULOS

75 AÑOS DEL CINE DE CIENCIA- FICCIÓN
(2º Edición)
84-920232-5-2
210x140 mm
516 páginas

CINE DE MONSTRUOS
ISBN:84-96319-24-5
210x140 mm
200 páginas

CINE MUSICAL
84-933186-5-5
210x140 mm
456 páginas

LOS OSCARS
ISBN: 84-933186-4-7
450 páginas

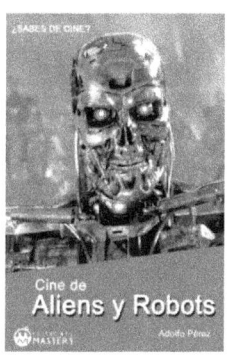
CINE DE ALIENS Y ROBOTS
ISBN:84-96319-26-1
236 páginas

SUPERHÉROES DEL CINE
84-933186-2-0
210x140 mm
350 páginas

CINE DE VAMPIROS
ISBN: 84-96319-17-2
186 páginas

EL UNIVERSO DE STAR TREK
84-933186-3-9
210x140 mm
348 pág.

www.ingramcontent.com/pod-product-compliance
Lightning Source LLC
Chambersburg PA
CBHW061651040426
42446CB00010B/1683